面向普适终端的
细分曲面造型与传输方法研究

潘 君◎著

RESEARCH ON SUBDIVISION SURFACE MODELING AND
TRANSMISSION METHODS FOR UBIQUITOUS TERMINALS

经济管理出版社
ECONOMY & MANAGEMENT PUBLISHING HOUSE

图书在版编目（CIP）数据

面向普适终端的细分曲面造型与传输方法研究/潘君著. —北京：经济管理出版社，2021. 6

ISBN 978-7-5096-8074-2

Ⅰ.①面… Ⅱ.①潘… Ⅲ.①计算机图形学—研究 Ⅳ.①TP391.41

中国版本图书馆 CIP 数据核字（2021）第 135014 号

组稿编辑：杨　雪

责任编辑：詹　静

责任印制：张馨予

责任校对：王淑卿

出版发行：经济管理出版社

（北京市海淀区北蜂窝 8 号中雅大厦 A 座 11 层　100038）

网　　址：www. E-mp. com. cn

电　　话：（010）51915602

印　　刷：唐山昊达印刷有限公司

经　　销：新华书店

开　　本：710mm×1000mm/16

印　　张：12.25

字　　数：201 千字

版　　次：2021 年 7 月第 1 版　　2021 年 7 月第 1 次印刷

书　　号：ISBN 978-7-5096-8074-2

定　　价：77.00 元

前　言

　　近年来，随着输入输出设备和计算平台的演变，计算机图形学技术的应用扩展到移动互联网、商业/社会数据分析和智能制造等新领域，呈现出普适化和智能化的发展趋势。因此，普适图形计算已成为计算机图形学领域的研究热点之一。普适图形，即让人们能够随时随地在不同的设备终端上运行图形应用程序，它已逐步应用于我们的现实生活中，并带来更多的应用需求。目前面向普适终端的三维图形计算研究仍存在许多亟待解决的问题，庞大的图形数据量对普适终端处理器的处理能力、计算机的存储容量以及网络传输技术都提出了很高的要求，并成为实现普适终端图形处理、实时交互、网络三维动画、虚拟现实及增强现实等应用的"瓶颈"。

　　本书介绍了作者在细分曲面造型技术方面的一些研究成果，主要面向计算机图形学、计算机辅助设计与制造专业的本科生和研究生，以及从事CAD、计算机动画、图形软件开发的工程技术人员。本书旨在帮助读者更加深入理解细分曲线及曲面造型的关键技术，并通过具体的项目建模实例，探讨其在普适终端中的应用。

　　本书主要研究面向普适终端的几何建模及传输方法，目的在于解决由于三维几何数据数量和复杂度的急剧增长，以及不同计算终端的三维图形处理能力、存储器、电源以及不同的网络条件所带来的问题。要解决这些问题，仅仅依靠提高处理器的三维图形处理速度和能力，以及增加网络带宽等硬件方面的措施是不够的，还需要对原有的三维几何模型进行重新表示和处理，以适应不同网络条件和不同计算终端的显示及交互应用。本书以细分曲面为基础，提出适于普适终端显示的三维模型表示与传输处理方法，为普适终端进行交互式三维图形应用提供切实可行的解决方案。主要研究工作及贡献体现在以下几个方面：

　　从基于三次 B 样条的逼近细分曲线推导出新的 C^2 的插值细分曲线和 C^1 的融合细分曲线，从三重逼近细分推导出新的 C^2 的三重插值细分曲线和 C^2

的三重融合细分曲线。通过增加权值控制参数，可控制细分曲线的形状，并获得快速高质量的绘制效果。

研究用于普适终端的快速细分曲面造型方法，并提出一种新的三重细分曲面造型方法，提高细分曲面的连续性和高效性。基于双三次 B 样条曲面，利用傅里叶分解的方法，构造细分曲面的位移算子，提出新的三重细分曲面造型方法。曲面极限能够达到 C^2 连续，保证了在不同显示精度下几何模型的光滑性。

研究面向普适终端的三维几何模型的简化及传输方法。基于屏幕感知因子，进行三维几何图形简化及流式传输，以适应不同终端的渲染和显示能力。在进行网格简化时充分考虑终端的显示和渲染能力，最大限度地减少用户不可感知的冗余数据。在此基础上，采用流式网格方法，生成渐进式多分辨率层次模型，进行网格流式渐进传输。算法生成码流速度快，客户端不需要等待整个模型下载完毕就可以开始进行渲染。利用本算法可显著简化网格和减少传输需要的内存和网络带宽。算法具有实时性并且可以处理任意规模的网格数据。

根据实际应用的需求并结合提出的细分造型及传输方法，讨论面向普适终端的几何图形交互计算模型，该模型充分考虑普适终端的处理能力，合理分配有限计算资源。在此基础上，基于屏幕感知因子的手语三维动画交互显示方法，实现面向普适终端手语动画的交互信息服务。基于屏幕感知因子，对虚拟人模型进行自适应简化。对脚本数据采用流式传输的方法，系统不需要等待整个脚本文件完全下载，即可进行三维手语动画渲染显示，充分利用普适终端的计算能力和网络资源，通过动态三维手语动画为用户随时随地提供普适信息服务。

由于作者水平有限，本书的研究与分析难免有不完善之处，恳请专家、学者和广大读者批评指正。

潘　君

2021 年 1 月

目　录

1 绪论

随着三维扫描获取技术和图形处理技术的巨大发展，三维几何模型正逐渐成为继声音、图像和视频之后的第四种多媒体数据类型，并在工业制造、数字娱乐、科学可视化、医疗服务等领域取得了广泛的应用。近年来随着人工智能技术的逐渐升温、智能终端设备的不断推陈出新以及移动计算技术的不断进步，使数字几何应用范围越来越广阔。因此，迫切需要一套能适应于不同显示终端的三维几何建模、分析及显示等的处理技术，即普适图形处理方法，使人们能够随时随地在不同的设备终端上运行图形应用程序。本书以细分造型方法为基础，研究面向普适终端的三维几何建模与传输显示等关键问题。

本章首先从普适图形计算的研究背景入手，概述了普适图形计算的基本要求和发展趋势，分析了普适图形显示与传输所面临的问题。其次，针对三维几何模型的细分曲面造型方法和三维网格的压缩传输技术，对国内外已有研究基础进行分类和总结，对发展趋势进行探讨。最后，阐述了本书的主要研究内容及章节安排。

1.1 普适计算与普适图形

普适计算（Ubiquitous Computing），即利用不同的计算实体互相协同工作，以多样化、透明化的交互方式，完成数据计算处理，使人们能随时随地、无困难地获得计算和信息服务。早在 1991 年美国施乐公司的 Mark Weiser 首次提出了"普适计算"的概念。普适计算的研究可以有效地改变单一的计算与服务模式，人们可以利用普适环境下的集计算、通信、传感等功能为一体的各类终端设备，即普适终端（Ubiquitous Device/Ubiquitous

Terminals），通过网络连接，更加方便地获得计算与服务，更加轻松自由地处理工作及生活等事务。我们的计算系统也从"以计算机为中心"过渡到"以人为中心"，我们的最终目标是将由通信和计算机构成的信息空间与人们的生活和工作的物理空间融为一体。因此，普适计算的特征需包括以下五个方面：

（1）普适性（Pervasive）。无处不在的可感知、互联互通的智能设备嵌入到计算环境中，通过这些设备用户可以随时随地得到计算服务。

（2）透明性（Transparent）。计算过程对于用户是透明的，用户不需过多关注计算过程。如果计算系统返回的结果无法满足用户的需求，用户也可以直接调节系统。在用户进行调节的同时，整个计算系统也在不断地更新和学习，包括自然人机交互、实物信息化、无缝的应用迁移、智能空间等技术。

（3）动态性（Dynamic）。在普适环节下，用户通常处于移动状态，这导致在特定的空间内用户集合将不断变化。另外，移动设备也会动态地进入或退出一个计算环境，计算系统的结构随之发生动态变化。

（4）自适应性（Adaptable）。计算系统可以动态自适应地感知环境，并推断用户需求，自发地为用户提供需要的信息服务。

（5）永恒性（Eternal）。计算不会关机或者重启，计算模块可以根据需求、系统错误或系统升级等情况加入或离开计算系统。实现计算的永恒性包括持续可用性、容错性、鲁棒性、自维护、可升级等方面。

随着普适计算、移动互联网、社交网络、物联网等的快速发展，普适终端正成为"人—物—机"三元世界相互沟通和融合的重要媒介（陈龙彪等，2015）。普适终端是以嵌入式产品的方式呈现在人们的工作和生活中，包括手持式的、可穿戴式的，甚至是以与人们日常生活物品融合于一体的多样形式体现，并可按照用户的个性需求进行定制。硬件技术的革新也使普适终端的计算、存储和联网能力已经接近于 21 世纪初的桌面 PC。云计算技术的迅猛发展也扩展了普适终端的信息处理和存取能力。移动互联网使人们能够随时随地获取信息和服务。在过去的十年中，普适终端，特别是智能移动终端，进行着飞跃式的发展，被广泛地应用于金融、交通、医疗、教育、娱乐等行业。全球移动通信系统协会（Global System for Mobile Communications Association，GSMA）在 2020 年度的移动经济报告（The Mobile

Economy 2020)[①] 中指出，全球移动用户数量经历了飞速增长，智能手机正变得无处不在。移动用户数量已达到 52 亿人（占全球总人口的 67%），预计到 2025 年将增长至 58 亿人（70%）。智能移动终端已成为最流行的计算平台，其性能和功能也变得越来越强大。一些高端移动终端通常配备有高速无线接口、高内存容量、高性能处理器以及各种传感器，以至于用户对移动终端的期望越来越高——他们希望能够在移动终端上运行 PC 机上的应用。同时，5G 技术和物联网技术的发展，促使移动应用程序蓬勃发展。原有的面向 Web 或 PC 端的软件产品都纷纷推出相应的移动应用程序，还有更多根据智能终端用户习惯定制的应用程序被不断推出并成为热点。

在虚拟现实、增强现实、交互式娱乐内容（如动画游戏）等领域，三维模型因其更加丰富、全面和生动的细节信息，正在逐渐取代传统的基于二维图像的表现方式；跨平台的科学计算可视化和计算机辅助设计、制造技术也已经使三维建模与显示在实际生产中广泛应用。各种新兴的移动显示终端也在快速发展，智能信息家电、移动电视、智能手机、电子阅览器等移动设备越来越多样化，同时也使三维图形的实时绘制和编辑处理需求不断增长。例如，如图 1-1 所示，由 Osso[②] 提供的 VR 外科手术训练平台（OSSO VR）通过使用 3D 建模和 VR 技术进行外科手术培训，相对传统教学而言，手术完成速度快 20%，手术完成度高 38%。IBM 研究院开发的 Dataspace 是利用 2D 和 3D 技术构建了沉浸式的混合现实环境，利用 15 个高分辨率显示器协同工作，将物理环境与 AR/VR 技术结合起来，实现了复杂类型数据的可视化（Cavallo et al., 2019）。德国初创公司 DronOSS 研发 ARbox 技术，可实现对无人机操作者的培训，与 DJI Phantom 无人机结合使用，可通过智能手机在现实环境中覆盖 AR 障碍物和结构，避免飞行碰撞风险。美国 Scripps 研究所研发了一套基于 Python 的 3D 建模扩展普适图形 API，适用于 lender、Maya、Cinema 4D、DejaVu 等软件，适用于生物学 3D 建模（Autin et al., 2012）。在国内，清华大学、北京大学、浙江大学、中国科学院计算技术研究所、中山大学等都开展了相关的研究。为满足用户在普适终端上进行图形计算的需求，研究人员不断开发功能更加复杂的移动应用，如富媒体应用、增强现实、自然语言处理等。

---

① 参见 https：//www.gsma.com/mobileeconomy/。

② 参见 https：//ossovr.com/。

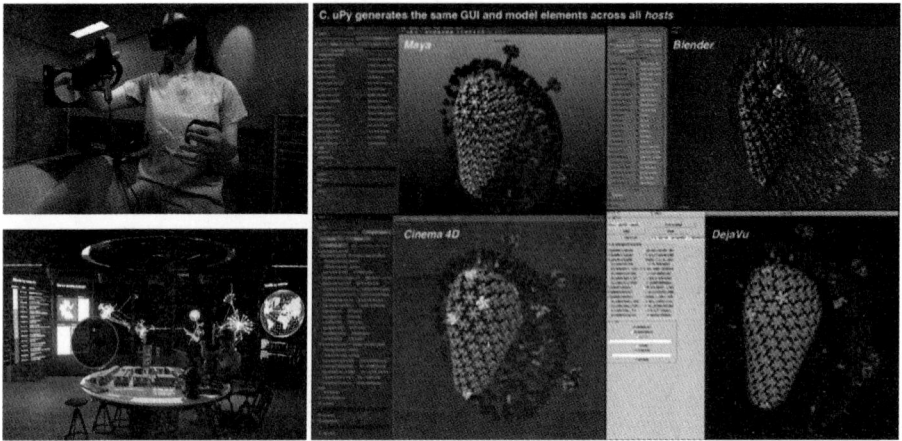

图 1-1 普适图形的交互应用①

　　面向普适终端的图形计算，即研究如何让人们能够随时随地在不同的设备终端上运行图形应用程序。但庞大的三维图形数据量、处理能力不一的普适终端设备以及异构网络传输的不稳定等问题，都成为实现不同设备间的三维几何处理、实时交互等应用的"瓶颈"。相对于文本和图像等媒体格式，三维几何数据量非常庞大（Kasik et al., 2008）。从小型零件、商品，到人体、雕塑，再到大型的建筑、街道甚至城市，三维几何模型的精度和数据规模都在飞速提高，随之急剧增长的就是几何模型的数据量。由三维激光扫描仪获得的三维几何模型通常是由百万个、千万个，甚至上亿个面片组成，在斯坦福大学的数字米开朗基罗计划中雕像的三角面片数更是高达 20 亿（Levoy et al., 2000），如图 1-2 所示。另外，传统的三维图形处理方法、渲染技术以及图形体系架构大都是面向 PC 或大型计算机的，设计的时候并没有结合普适终端显示处理的差异性，往往无法直接应用于那些内存受限的移动计算终端上。这些因素都给普适图形的研究提出了新的挑战。

---

① 参见 https：//ossovr.com/，http：//www.research.ibm.com/，http：//upy.scripps.edu/。

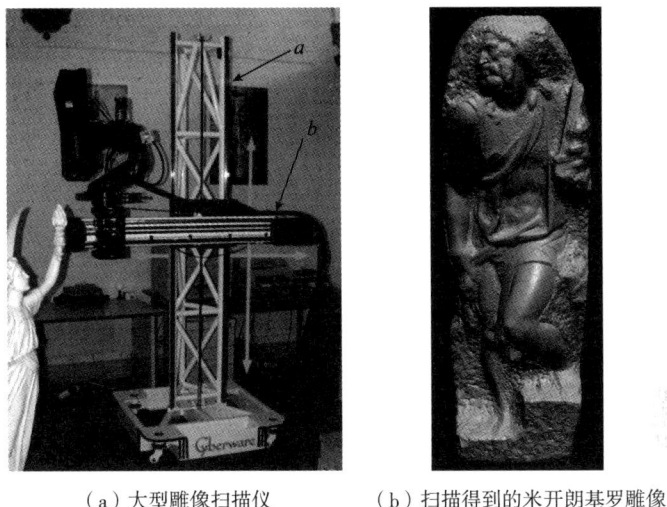

（a）大型雕像扫描仪　　　　（b）扫描得到的米开朗基罗雕像

图 1-2　大型三维网格数据获取技术①

　　如此庞大的三维几何数据远远超出了普适终端，特别是移动终端的显示与处理能力。移动终端的资源包括计算、存储和能量等资源。移动终端资源受限，是由移动性决定的。由于尺寸和重量受到约束，移动终端在处理能力、内存容量、网络连接和电池容量等方面必然受到限制。此外，虽然近年来移动终端的处理速度和存储容量已得到极大增长，但电池容量的增长却十分缓慢——每年的增长速度只有5%②。资源受限问题已经成为移动终端和移动应用进一步增值的"瓶颈"。例如，目前流行的 PC 式 VR 设备如 Facebook 的 Oculus、索尼的 PlayStation VR 等依然采用数据线连接主机，并未采用无线传输方式，其原因是在于无线传输的带宽受限，无法满足高精度的 3D 模型的高速传输。2018 年 HTC 公司发布了最新款 PC 端 VR 设备 VIVE Pro，该设备采用一块双眼分辨率为 2880×1600 的 OLED 屏幕，比上一代发布的 VIVE 的 2160×1200 的分辨率提升了 78% 并且降低了 3D 模型传输帧率跳动引起的用户眩晕感。华为推出的 HUAWEI VR2，属于移动 VR 一体机，但其用户体验无法达到 PC 端一体机的效果。其主要原因就是

---

　　①　资料来源：M. Levoy, K. Pulli, B. Curless, et al. The Digital Michelangelo Project：3D Scanning of Large Statues［C］. Proceedings of the 27th Annual Conference on Computer Graphics and Interactive Techniques（SIGGRAPH'00），2000.

　　②　资料来源：https：//www. strategyanalytics. com/default. aspx？mod=reportabstractviewer&a0=4645。

由于在手机端直接显示 VR 内容，通过高分辨率的光学双目镜片和视觉成像原理，投影出 3D 效果，但其不能同时满足任意手机的体验。

因此，要解决这些由于三维几何数据数量和复杂度的急剧增长，以及不同计算终端的不同三维图形处理能力、存储器、电源以及不同网络条件所带来的问题，仅仅依靠提高终端处理器的三维图形处理速度和能力，以及增加网络带宽等硬件方面的措施是不够的。而且在很多情况下，如要在内存受限的计算终端上进行图形计算是非常困难的，必须借助于远程服务器的协同工作，这就涉及计算机图形学、网络通信和体系结构等多种技术的融合。

由此可见，研究新的计算快速的三维几何图形表示建模方法以及自适应的三维几何图形传输方法有着十分重要的理论意义和实际应用价值。

1.2　面向普适终端的图形显示与传输技术

对于面向 PC 的图形学理论和方法，研究已日臻成熟（Marschner and Shirly, 2015）。面向普适终端的图形计算，尤其是面向移动终端的图形计算模型，尚不完善。随着移动计算技术的快速发展，一系列普适图形计算的问题逐渐引起了众多科研学者的注意。2003 年，Akenine-Möller 等（2003）在 Siggraph 图形大会上发表了第一篇有关移动图形的论文。大会主席 Colorado School of Mines 的 Alyn Rockwood 教授说："向移动图形的迁移是今年 SIGGRAPH 大会的中心，人们将看到，对高质量的蜂窝电话图形的需求会越来越强。"这标志着数字几何处理研究领域的一个新研究问题——移动图形计算的开始。此后，随着各种智能终端设备的不断更新换代，在海量大数据、3D 打印、传感器技术以及 VR/AR 等新兴技术的推动下，面向移动终端的图形计算又扩展至面向普适终端的图形计算，计算机图形学、计算机视觉和数字制造技术等深度融合。

普适图形计算，目的是利用有限的资源尽可能地提高普适环境中图形图像的显示质量，研究重点是二维或三维图形在以移动电话为代表的普适计算终端上的图形数据表示方法、快速渲染技术和软件/硬件图形体系架构，需要考虑窄带宽条件下几何图形数据的压缩简化、渐进传输、细节层次控制等，构建一种三维图形表示方法与应用框架，以适应不同终端设备的显示和处理。关于面向普适终端的三维图形计算研究的关键问题可概括为以下三点：

（1）普适计算环境下的三维图形数据的表示。即如何快速有效地建立符合普适终端渲染显示能力的三维图形数据表示方法，这是普适图形计算中最为关键的问题。特别是在需要精细图形显示的应用中，移动设备上的复杂几何模型表示仍具有重要意义。要求几何数据表示可分层次，并且符合普适终端的内存计算要求。层次细节（Level-of-Detail，LoD）模型是对图形的渐进式多分辨表示，显示终端可以很快地接收到简单的几何模型进行渲染和显示操作，而无须长久等待，对于小屏幕、低运算能力的显示终端非常有利。

（2）移动网络环境下的三维图形数据的压缩与传输。网络带宽的提高速度远远小于几何模型数据量增长的速度，传输大规模几何数据往往耗费大量资源和时间。因此，需要考虑基于视觉误差的度量，综合考虑模型的几何信息和拓扑信息的简化，减少冗余数据。同时，在传输的过程中，还要考虑不同的带宽条件、网络延迟以及丢包率的影响。对于实时性要求较高的普适图形计算还需要考虑远程绘制、渐进传输以及具有容错性的传输机制。

（3）普适图形处理任务分配机制。由于三维图形数据量大并且渲染需要复杂计算，还需要考虑如何将图形处理的任务合理分配给普适计算环境下的终端。传统的方式是 C/S 模式，即在服务器端存储图形数据，客户端通过访问请求下载和显示三维图形。但是，普适终端往往资源受限，在某些情况下这种 C/S 模式还需要进一步调整，还需要服务器端对数据进行预处理，才能够满足普适终端的显示要求。因此，合理分配图形处理任务，平衡利用有限的图形显示渲染资源也是普适图形计算面临的关键问题。

1.2.1 普适图形显示技术

无论从显示屏幕的尺寸还是图形处理硬件，移动设备都无法与拥有性能较高的图形加速卡及大型显示屏幕的台式 PC 系统相提并论。尽管现有的移动设备具有一定的彩色显示能力，如果采用更大的分辨率不仅成本高昂而且耗电量大，而正是由于移动设备具有屏幕小和分辨率低的特性，使用者往往要把显示屏幕更加移近眼睛，使平均像素视角（EYE-TO-PIXEL Angle）变大，是个人电脑屏幕的 2~4 倍（Akenine-Möller and Ström，2003），如图 1-3 所示，这就会造成同等分辨率时在移动设备上图形图像显示的细腻度有所下降。

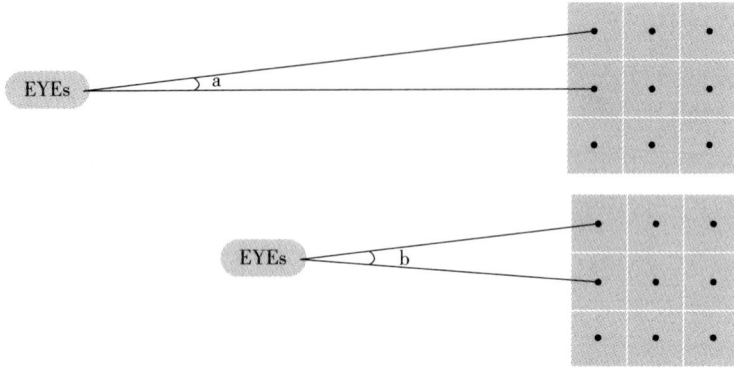

图 1-3　电脑（上）与小屏幕设备（下）的平均像素视角比较

与此同时，低分辨率也造成屏幕内向角（Angle Substended by Pixel）变大，使图像的边缘显示质量下降，如图 1-4 所示。这就要求移动设备的每个像素要比 PC 系统拥有更高质量的显示（郑贵锋，2005）。因此，在内存受限的小屏幕终端上绘制图形图像时，要兼顾显示质量的提升和能量消耗的降低。要做到这一点，Akenine-Möller 提出基于硬件的解决方案，包括低存储带宽的纹理处理、遍历与遮挡消除的处理和低成本的屏幕反锯齿、低成本的多重采样等。

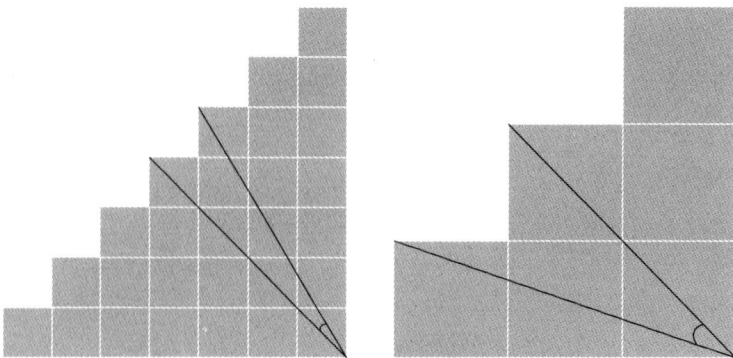

图 1-4　不同分辨率下图像像素内向角的比较

注：高分辨率下像素的内向角（左）明显大于低分辨率下像素的内向角（右），直接影响图像的边缘质量（郑贵锋，2005）。

在桌面系统中，常使用的 3D 图形 API 包括 OpenGL 和 Direct3D。Direct3D（以下简称 D3D）是微软公司基于 Microsoft Windows 操作系统开发的一套 3D 绘图编程接口，是 DirectX 的一部分，基于微软的通用对象模式 COM（Common Object Mode）。Direct3D 适合多媒体、娱乐、即时 3D 动画等广泛和实用的 3D 图形计算，目前主要用于 Windows 环境下的游戏开发。OpenGL 与硬件无关，可以在不同的平台如 UNIX、Linux、MacOS、Windows 之间进行移植，因此应用领域更为广泛，其可以进行游戏开发、工业建模等专业领域应用。

在移动三维图形处理的业界标准中，图形开发库主要有 OpenGL ES、Direct3D Mobile，应用都很广泛。在移动图形处理中，最具有代表性的标准是以手持和嵌入式设备为目标的高级 3D 图形应用程序编程接口（API）——OpenGL ES（OpenGL for Embedded Systems）（Ginsburg et al.，2014）。它以跨平台计算机绘图 API OpenGL 子集合为基础，去掉了一些庞大而复杂的功能，如 GL_QUADS（四边形）与 GL_POLYGONS（多边形）绘制模式以及 glBegin（开始）/glEnd（结束）等操作，充分考虑到移动设备的高性能低功耗的需求，以应用于手持设备、家电或游戏机等嵌入式系统为主要需求而制定的新一代 3D 绘图 API 借助良好的显示技术基础，可完成诸如三维图形的人机交互界面（MMIs）、动态图像信息及一些三维游戏等应用开发。受制于早前移动处理器的性能，早期的 OpenGL ES 版本功能实现较为简单。OpenGL ES 3.0 发布后，加入了大量的新功能，使移动图形在显示和功能实现方面都取得了突破。在 SIGGRAPH 2015 大会上，Khronos Group（OpenGL 标准的维护组织）发布了 OpenGL ES 3.2，进一步提升了移动计算领域的图形技术。OpenGL ES 3.2 在移动设备上能够支持曲面细分了。相对于桌面系统，移动设备更需要曲面细分功能。这是因为移动 SOC 的 CPU 性能一般偏弱，承担大量的顶点计算会消耗更多资源。曲面细分能够解决这个问题，减轻 CPU 的计算负荷，通过 GPU 来完成。Android 系统也大多是以扩展 API 的方式来对曲面细分功能提供支持。目前能够支持 OpenGL ES 3.2 的设备也越来越多。在科隆展 Devcom 2017 上，游戏《绝地求生》创始人 Brendan Greene 提到在曲面细分技术的帮助下，新地面贴图大大改进，看起来更加真实，如图 1-5 所示。

此外，Khronos 组织还发布了名为 Vulkan 的 3D 图形 API，它是能够支持深入硬件底层的控制，与 OpenGL 和 Direct3D 等 API 相比，Vulkan 可以更

图 1-5　细分曲面在游戏中的应用举例

资料来源：Brendan Greene 在科隆游戏展 Devcom 2017 会议上的演讲。

详细地向显卡描述你的应用程序打算做什么，从而可以获得更好的性能和更小的驱动开销。Vulkan 的设计理念与 Direct3D 12 和 Metal 基本类似，但 Vulkan 作为 OpenGL 的替代者，它设计之初就是为了跨平台实现的，可以同时在 Windows、Linux 和 Android 开发，甚至在 Mac OS 系统上，Khronos 基于 MoltenVK 提供了 Vulkan 的 SDK。MoltenVK 实际上是一个将 Vulkan API 映射到 Metal API 的一个框架，Vulkan 这里只是相当于一个抽象层相比于 OpenGL 驱动帮我们做了大量的工作，Vulkan 与图像 API 相关的每一个细节，都需要从头设置，包括初始帧缓冲区的创建与缓冲、纹理内存的管理等。因此，即使仅画一个三角形，都要写数倍于 OpenGL 的代码。Google 在 Android 7.0 后提供了对 Vulkan 的支持。

在硬件设备方面，从 2014 年后，移动 GPU 架构上开始采用高端台式机的 GPU 架构。随着新型移动 GPU 架构的每次迭代，都带来更多的存储器带宽、更大的帧缓冲区、更高效的流水线以及曲面细分等全新硬件技术。图形显示卡厂商 NVIDIA、Imagination、高通、ARM 等公司已经开发出了一系列可用于移动手持设备的图形处理器（Graphics Processing Unit，GPU），为移动设备提供了很好的图形加速功能。Imagination 公司研发了 Power VR 系列 GPU，能够应对 IoT（Internet of Things）、智能手机、平板电脑、游戏主机、汽车等嵌入式图形应用。NVIDIA 公司针对移动图形应用开发了 Tegra 系列图形芯片，特别是在 1080P 视频录制和播放以及大型 3D 游戏方面表现较好。ARM 公司的 Mali 系列 GPU 提供 2D/3D 的图形处理功能，能够为嵌入式图形和视频提供完善结局方案，使设备制造商和内容服务商能够在消费类设备提供高质量的多媒体解决方案。高通公司的 GPU 产品是 Adreno 系列，广泛应用于高通的 Snapdragon 平台。美国 Vivante 公司研发的 GC 系列

GPU 大部分应用于中国市场，包括海思、Marvel 等公司都采用了该公司的产品。另外，数字电视机顶盒也逐步加入了图形加速功能，实现在数字电视上的三维图形渲染。随着技术的进步，移动硬件设备的处理能力正在不断提高。在移动图形显示软件方面，最大的问题是显示的三维模型需要预先转换成其支持的格式，而不能直接读取普通图形工作站上的图形格式，这为面向普适终端的建模和传输提出了难题。

1.2.2 普适图形传输技术

大多数图形系统在设计时大都采用 C/S 架构。服务器对三维图形进行处理，经过压缩编码后，将压缩后的数据通过网络传输到客户端。虽然数据经过压缩，但数据量相对于网络带宽，尤其是无线网络的承载能力来说依然很庞大。不同的网络具有不同网络带宽、时延及丢包率。如果丢包率太高，用户就必须花费很长的时间等待回传，而且有可能导致渲染失败。

因此，面向普适终端图形传输及显示需要容错（Error-resilient）控制技术。容错控制技术在视频和图像上有较为成熟的应用（Kim et al.，2003），如利用 0 树小波编码方式传输图像（Cosman et al.，2000），但针对三维模型的容错传输技术还不多。Bajaj 等（1998）将容错技术引入三维模型的传输中，并且还有包含三维模型特征的三维网格传输协议（Alregib et al.，2005；Alregib and Altunbask，2004）。根据容错控制方式的不同，三维网格模型的传输方法可以分为三种模式，如图 1-6 所示，包括基于服务器端的控制方法、基于客户端的控制方法和基于传输网络的控制方法。

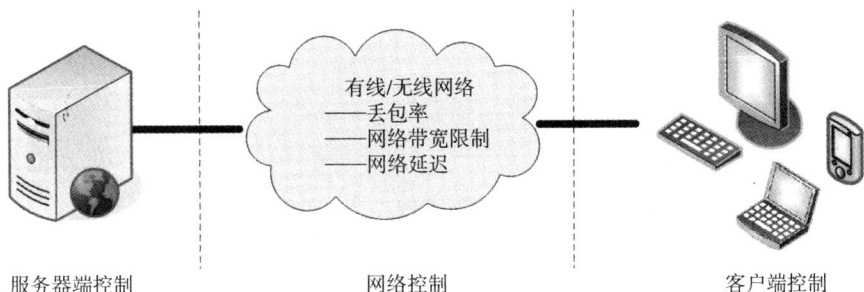

有线/无线网络
——丢包率
——网络带宽限制
——网络延迟

服务器端控制　　　　　　　网络控制　　　　　　　客户端控制

图 1-6　不同的传输控制技术

（1）基于服务器端的控制方法。基于服务器端的容错控制方法（Yan et al., 2001；Yan et al., 2005；Alregib and Altunbasak，2002；Alregib et al., 2005）则是共同利用服务器和客户端的计算能力来进行容错传输。根据网络带宽和客户端的接收情况等多种因素，服务器端尽可能对几何模型进行预处理和优化，生成简化的基础网格模型和不同层次细节文件，向网络发送不同等级的码流，如图1-7（a）所示。Yan 等（2005）将模型分成若干独立的数据块和连接边界，对块间连接边界进行保护，保证部分数据块丢失不会影响其他数据块的传输，其编码过程如图1-7（b）所示。其利用服务器端对三维几何模型的传输控制方法更加简单高效，相关算法也易于实现。在多用户连接时，还可以提供负载平衡等相关功能。

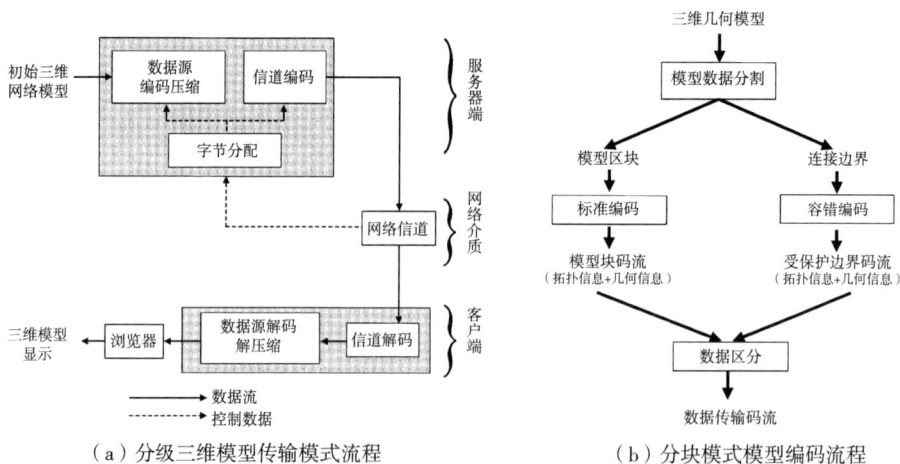

（a）分级三维模型传输模式流程　　　　（b）分块模式模型编码流程

图1-7　基于服务器端的容错控制方法

（2）基于客户端的控制方法。基于客户端的容错传输方法是由客户端进行计算并恢复丢失的数据包。Bischoff 和 Kobbelt（2002）提出了通过几何数据的几何关系来构造容错传输方法。客户端可根据终端设备的显示及渲染能力通过选择服务器端不同等级的码流子集对三维几何模型"裁剪"到其所需要或者能接收的水平。对于低分辨率或低网络带宽的客户端，选取简化的基础模型；对于高分辨率或网络质量很好的客户端，选取加入丰富的细节文件码流，获得高质量渲染的模型。Tang 等（2011）还提出了客户端错误隐藏技术的几何模型传输方法。

（3）基于传输网络的控制方法。除了服务器端和客户端的控制，传输网络也可根据当前数据分包的丢失率和网络延迟等因素对三维几何模型进行"裁剪"，并与上游多播路由器交换信息，获取与网络条件匹配的几何模型码流子集，提高网络的带宽利用率。同时，将简化的模型优先级设置为高，而把层次细节文件作为低优先级别，当发生网络拥塞时，可根据优先级，丢弃低级别的细节文件，保证简化的基础模型传输质量。Zhao 等（2014）基于网络带宽首先给出三维网格的预览模型并采用流的方式表示，保证传输的质量。

1.3　基于细分曲面的三维网格表示方法

与传统 PC 机应用相似，三维图形数据同样需要在普适终端上进行高效显示，用于图形交互编辑等应用。三维几何模型是以三维曲面为主要表达形式（Gallie，2002）。三维空间中的曲面通常表达为连续或离散的形式。连续形式包括参数曲面造型（王国谨等，2001；朱心雄，2000；苏步青、刘鼎元，1980；孙家广，1990）、隐式曲面造型（Bloomenthal et al.，1997）等，而离散形式以网格和点云为核心，包括细分曲面造型、散乱点曲面造型等。在三维曲面的多种表达形式中，细分曲面造型方法具有关联结构简单、易于控制等优点，因此非常适于处理能力较低的移动终端进行快速建模和图形绘制。

1.3.1　细分方法来源及发展历史

细分方法和样条有着密切的连续。目前经常使用的细分方法都是在样条的基础上产生的。对于大部分细分方法来说，所生成的细分曲线或者曲面的极限为样条曲线或曲面。早期的自由曲线曲面是描述几何形状信息的主要工具。追溯到 20 世纪 60 年代，美国波音飞机公司的 Ferguson 首先提出曲线曲面的参数化形式。之后 Coons 首先发表了由拼接四个边界曲线生成多个曲面片的方法，提供了分段表示曲线曲面的思想。Bézier 提出了一种由控制多边形表示曲线的方法，该方法不仅简单易用，而且能够利用参数方便的控制曲线形状，为曲线曲面造型进一步奠定了坚实的基础。但 Bézier 曲线也存在一些不足，当曲线的次数过高时，计算会很不方便，并且曲线受到全部控制顶点的影响，不具有局部控制性。1972 年，De Boor 和 Cox 提出 B 样条的 De Boor - Cox 递推定义（Cox，1972；De Boor，1972；De Boor，1978），在此基础上，Gordon 和 Riesenfeld（1974）进一步将 B 样条用于计算机辅助几何设计中的一个形状描述方法。B 样条方法比 Bézier 方法更具一般性，它保留了 Bézier 方法的优点，并且能够局部控制曲线形状，解决了在描述复杂形状时带来的连接问题。B 样条方法在表示自由型曲线曲面形状时非常有效，但在表示与设计由二次曲面与平面构成的初等曲面时无法进行统一的数学描述形式。为此，Versprille 将 B 样条推广为非均匀有理 B 样条（Non-Uniform Rational B-Spline，NURBS）。NURBS 用统一的数学形式表示规则曲面与自由曲面，可以精确地表示二次规则曲线曲面；具有可影响曲线曲面形状的权因子，使形状更宜于控制和实现（施法中，2013）。由于 NURBS 方法的这些突出优点，国际标准化组织 ISO 还曾颁布了关于工业产品数据交换的 STEP 国际标准，将 NURBS 方法作为定义工业产品几何形状的唯一数学描述方法。

上述的参数曲面造型和隐式曲面造型这些传统几何造型方法，在遇到复杂物体造型时往往面临很大的困难。初始控制顶点往往具有复杂的网格拓扑，仅仅依靠参数曲面拼接或剪裁是不易完成的。虽然参数曲面造型方式是多数曲面造型系统的基础，但以 NURBS 曲面为代表的参数造型方法因其规则的四边形拓扑控制网和分片性质难以构造各种复杂形状的自由曲面（Farin，2002；Farin et al.，2002），如在构造光滑的封闭曲面时 N 边形补洞问题。同时，传统参数或隐式曲面总要先将离散控制顶点，通过插值（Interpolation）、逼近（Approximation）或者拟合（Fitting）等方法给出连续函数表示，然后在显示等环节还需要再变成离散形式，是一个"离散—连续—离散"的转变过程，这种方式并不适于具有超大规模初始控制顶点的复杂几何模型建模，而细分方法则是直接对网格本身进行操作，从给定的初始控制网格开始，递归地调用细分规则，逐步加细控制网格。整个过程不需要连续转换的环节，是一个"离散到离散"的过程，使用更加简便，表现力更加丰富（张宏鑫，2002）。

细分方法最早可以追溯到 20 世纪 50 年代，De Rham 通过对折线角点进行切割（Corner Cut）来生成光滑曲线的思想。1974 年，Chaikin 基于这种思想给出了一种曲线的快速生成方法。1978 年，Catmull 和 Clark 提出了著名的 Catmull-Clark 细分模式。同时，Doo 和 Sabin（1978）对双二次 B 样条作为细分曲面推广，给出了 Doo-Sabin 细分模式。自此，细分方法正式成为曲面建模的手段。从 20 世纪 80 年代末到 90 年代初，研究人员提出了很多著名的细分方法，规则情形的收敛性和连续分析理论也逐渐完善，如给出了单变元细分模式任意阶光滑的充要条件。不过，各种模式之间仍然缺乏联系，缺乏一般的理论指导（李桂清，2001）。从 20 世纪 90 年代中期开始，关于细分方法的收敛性理论逐渐建立，多变元模式任意拓扑情形下收敛性分析的理论框架（Reif，1995；Hartmut，1998；Zorin，1998）被建立，这些理论反过来指导细分模式的构造，尤其是二阶以上连续曲面的构造。此外，各种细分模式的内在联系也逐渐被揭示出来。近年来，人们开始致力于对各种细分模式的统一表示工作，包括三角网格四边网格细分的融合（Lavoue et al.，2005）、逼近与插值细分方法的融合（林淑金，2008）等。研究人员还将细分曲面应用于 CAD 系统中，能够利用细分实现 NURBS 曲面（Antonelli et al.，2013；Shen et al.，2016）。希望对插值细分方法进行改进，得到局部插值以及更加光顺的网格曲面（Antonelli et al.，2016）。在此基础上，进而将细分方法直接在 GPU 中进行实现，以更好地为普适终端服务。

细分曲面是一个网格序列的极限，通过采用一组规则在给定初始网格中插入新顶点并不断重复此过程而获得。通常的计算规则是通过对顶点坐标的加权平均，这种方法既保留了参数曲面在三维几何造型方面的优势，同时还克服了参数曲面的一些缺点，适于快速建模和生成多分辨率层次细节模型。总体来说，细分曲面具有以下特点（Zorin，1999）：

（1）任意拓扑（Arbitrary Topology）：传统曲面造型方法难以构造具有复杂拓扑结构的物体造型，特别是利用张量积方法构造的参数曲面而言，拼接或剪裁的困难是显而易见的。但是细分方法不存在这样的问题，其操作对象就是初始网格本身，无须将网格转化成连续的表达形式。

（2）可伸缩性（Scalability）：细分曲面的生成是一个递归过程，特别适合于层次细节（LOD）技术和多分辨率分析，可充分利用有限的硬件资源。

（3）表示的一致性（Uniformity of Representation）：在细分方法中新生成的点大都可表示旧顶点的加权平均，同时可将把曲面片与多面体表示统一起来，使几何造型系统可统一处理曲面和多面体表示，省去了格式转换的麻烦。

（4）数值稳定性（Numerical Stability）：线性细分方法是一个迭代、递归的过程，有很好的数值稳定性，可用于有限元分析方法等。

（5）简单性（Code Simplicity）：细分方法编码实现起来非常简单，只需要利用简单的递归算法即可完成，同时只需要简单的乘法和加法操作，效率也很高。

综上所述，细分方法是一种简单高效的几何造型方法，尤其是利用细分进行复杂网格曲面的多分辨率分析的方法，为普适图形计算三维数据表示提供了良好前提条件，方便利用渐进传输机制进行自适应的复杂场景的高效显示。

1.3.2　细分方法的分类

细分方法种类繁多，根据不同的分类标准可划分为不同类型。根据细分变量的数量，可分为单变量曲线细分方法和多变量曲面细分方法，单变量曲线细分是曲面细分的基础。对于细分曲面，根据细分所生成的网格类型，可分为三角形细分模式、四边形细分模式、六边形细分模式及多边形细分模式等，如表 1-1 所示，给出了经典细分方法的分类。

表 1-1　细分方法的分类

细分模式	网格类型	逼近/插值	主/对偶	分裂方式	连续性
Catmull-Clark	四边形	逼近	主	1-4	C^2/C^1
Doo-Sabin	四边形为主	逼近	对偶	1-4 对偶	C^1
Loop	三角形	逼近	主	1-4	C^2/C^1
Butterfly	三角形	插值	主	1-4	C^1
Kobbelt 四边形	四边形	插值	主	1-4	C^1
中边	四边形为主	逼近	对偶	$\sqrt{2}$ 对偶	C^1
Kobbelt$\sqrt{3}$	三角形	逼近	主	$\sqrt{3}$	C^1
Labsik$\sqrt{3}$	三角形	插值	主	$\sqrt{3}$	C^1
Oswald$\sqrt{3}$	六边形	逼近	对偶	$\sqrt{3}$对偶	C^1
4-8	特殊三角网格	逼近	主	4-8	C^2/C^1
Stam 混合	三角和四边混合	逼近	主	1-4	C^2/C^1

细分模式	网格类型	逼近/插值	主/对偶	分裂方式	连续性
Loop 三重细分	三角形	逼近	主	1-9	C^2/C^1

资料来源：李桂清. 细分曲面造型及应用［D］. 北京：中国科学院计算技术研究所, 2001.

　　例如，Loop（1987）细分方法和 Butterfly 细分方法（Dyn and Levin, 1990）属于三角形细分模式；Catmull-Clark 细分（Catmull and Clark, 1978）和 Kobbelt（1996）的插值细分则属于四边形细分；Oswald 和 Schroder（Oswald and Schroeder, 2003；Oswald, 2005）提出了一种 $\sqrt{3}$ 六边形细分方法。在多边形模式中，如果细分网格中包含三角形和四边形，则称为四边形/三角形细分模式，Peter 和 Shiue（2004）给出了一种 4-3 细分模式。细分拓扑规则往往可再分解，如 Doo-sabin 细分规则可看成两次中点细分方法（Peters and Reif, 1997），而 Kobbelt（2000）的 $\sqrt{3}$ 细分的两次细分步骤可以看成 Loop 细分或 Butterfly 细分的 3 倍分裂。

　　根据细分方法的构造规则，可分解为两个步骤：①网格分裂（Splitting），即通过增加新顶点形成新的网格拓扑，称为拓扑规则（Topological Rules）。②加权平均（Averaging），即计算所有顶点的新位置，称为几何规则（Geometric Rules）。

　　拓扑规则决定了细分方法的顶点分裂特性。根据顶点增加的情况可分为二重细分和多重细分。对于曲线的情况，二重细分是指在由控制顶点构成的每条边都只增加一个新的顶点，如 Dyn 等（1987）提出的四点插值细分方法；多重细分则是在每条控制边上插入两个或以上的新顶点，如 Hassen 等（2003, 2002）提出的三重细分方法，Loop 提出的 Loop 三重细分方法以及 Dodgson 提出的插值三重细分方法。其中二重细分根据是否与旧顶点对应，可分为基本型（Primal）和对偶型（Dual）（Zorin and Schroder, 2001）。

　　几何规则决定了细分曲线曲面的极限性质。如果每次细分操作的几何规则保持不变，则称为静态细分（Stationary Subdivision）方法（Cavaretta et al., 1991），否则称为动态细分（Dynamic Subdivision）方法。如果经过细分操作得到新网格中包含有旧的网格顶点，即旧的网格顶点坐标不变，称这种细分方法为插值细分（Interpolating Subdivision），如果旧的网格顶点位移发生变化，则成为逼近细分（Approximating Subdivision）。从表 1-1 中可以看出，逼近细分方法的研究远远多于插值细分方法的研究。插值细分方法和逼近细分方法两者各有优缺点：逼近型细分则在计算机动画、3D 游戏建模等非精确造型方法中应用广泛，其细分模板往往小于插值型细分，而且生成的细分网格位于初始控制网格的凸包内，便于求交等网格操作，更容易得到光滑度高的网格，但难以控制细分网格通过某些特定点。插值型细分在 CAD/CAM 系统中应用更加广泛，规定细分网格必须通过给定的初始控制网格，便于控制细分曲面的形状，也正因为有这样的要求，导致了插值细分的约束条件过多，需要通过复杂计算得到插值的特性，往往需要求解大量线性方程组，同时插值细分曲面难以获得较高连续性，形状不易控制。

1.3.3　细分方法的统一与融合

如上文所述，细分的种类繁多，最初各种细分模式都是单独被提出来，导致各种模式之间缺乏联系，缺乏一般的理论指导。近些年研究人员致力于找到各种细分方法之间的联系，为不同的细分方法设计统一的数据结构和算法，在不增加系统复杂性的前提下提供多样性选择。

（1）不同细分方法的统一。早期的细分方法统一工作是基于细分规则分解与合成的方法。其思想源于 Cohen 等（1980）、Habib 等（1999）B 样条曲线离散生成技术。给定一组初始控制顶点 $\{\cdots,\ v_0,\ v_1,\ v_2,\ \cdots,\ v_k,\ \cdots\}$，则可定义下述分裂与平均操作（李桂清，2003）。

顶点分裂与复制：

$\cdots,\ v_0,\ v_0,\ v_1,\ v_1,\ v_2,\ v_2,\ \cdots,\ v_k,\ v_k,\ \cdots$

线性样条（第一次平均）：

$$\cdots,\ v_0,\ \frac{v_0+v_1}{2},\ v_1,\ \frac{v_1+v_2}{2},\ v_2,\ \cdots,\ \frac{v_{k-1}+v_k}{2},\ v_k,\ \cdots$$

二次样条（第二次平均）：

$$\cdots,\ \frac{3v_0+v_1}{4},\ \frac{v_0+3v_1}{4},\ \frac{3v_1+v_2}{4},\ \cdots,\ \frac{3v_{k-1}+v_k}{4},\ \frac{v_{k-1}+3v_k}{4},\ \cdots$$

三次样条（第三次平均）：

$$\cdots,\ \frac{v_0+v_1}{2},\ \frac{v_0+6v_1+v_2}{8},\ \frac{v_1+v_2}{2},\ \cdots,\ \frac{v_{k-1}+v_k}{2},\ \cdots$$

采用这种方法可以将任意阶的 B 样条曲线细分模式融合在一起。Oswald 等（2003）、Stam（2001）等的方法即是基于这种思想实现了多种细分的融合。Zorin 和 Schroder（2001）利用这一思想建立了主/对偶（Primal/Dual）四边形细分模式的统一框架。Stam（2001）提出了类似的算法以推广任意阶张量积 B 样条曲面，在实现上有所不同。Stam 还给出了基于三角网格的算法，得到的细分模式是总次数为 $3m+1$ 的三角 box 样条在任意拓扑三角网格上的推广，当 $m=1$ 时为 Loop 细分模式。值得一提的是，对规则网格，沿两个参数方向先后使用两次上述 B 样条细分模式（得到张量积形式）时，如果两次所采用的平均操作次数不同则可以得到两个方向上次数不同的 B 样条曲面，但 Stam 没有把这种情形推广到非规则网格（李桂清，2003）。

Oswald 和 Schroder（2003）对生成 B 样条的分裂与平均方法进行了修改，提出主/对偶 $\sqrt{3}$ 细分。把平均算子分成主平均算子 VF（Vertex to Face）和对偶平均算子 FV（Face to Vertex）两种类型。在此基础上抽象出基元平均规则（Elementary Everaging Rules）的概念，包括顶点、边和面，极大地拓宽了平均算子范畴。通过对基元规则进行组合，就可以得到一系列新的算法，其中也包含 Kobbelt 的 $\sqrt{3}$ 细分模式和 Loop 细分模式的变种（李桂清，2003）。

基于分裂与平均方法，Warren 和 Schaefer（2005）导出了 Stam 的四边形/三角形混合模式（Stam and Loop，2003）的一个变种。该混合模式在处理三角网格时，将分裂与平均操作中的平均改为加权平均，权值取决于该加权中心聚集于哪个顶点。该方法也使用了 Maillot 和 Stam 的回插技术来补偿向变化的不连续性导致的不光顺效果，并且考虑了基于分裂与平均方法的尖锐特征生成（Warren and Schaefer，2004）。

另外，Velho（2002）基于半规则 4-8 网格实现了 Catmull-Clark 和 Doo-Sabin 模式，以便充分利用 4-8 网格灵活的自适应多分辨率结构，但由于要对两个细分模式分别进行分解，因此只能算是对两种细分模式的网格拓扑作了统一。

（2）逼近细分与插值细分的统一与融合。近年来，针对插值细分和逼近细分的融合引起了很多研究学者的注意，已成为了目前的研究热点。正如上文所述，逼近细分方法具有很多优点，其模板往往比插值细分的模板要小，同时极限曲面的连续性也更高。但在很多应用中需要插值操作，特别是局部插值，往往都需要通过反求控制顶点，求解大规模线性方程组（Halstead et al.，1993）。四点细分等插值细分方法往往无法实现局部插值。因此，现存的通过修改细分规则来实现局部插值的方法，都另外寻找别的修改细分的规则来实现（Claes et al.，2001）。为此，研究人员试图从逼近细分得到插值细分，从而来实现逼近细分和插值细分的融合。

Maillot 和 Stam（2001）首先引入了回插补偿操作，通过对每一次细分后的顶点进行回插补偿操作来实现插值功能。笔者的目的在于解决在多分辨率分解的时候逼近网格"收缩"插值网格"扩张"的不平滑过渡问题，生成介于逼近与插值之间的细分网格。笔者发现了但是并未真正意识到插值与逼近细分之间的实质关系，因而导致生成的网格并非处处 C^1 连续，需要采用补偿的方法来消除不光顺问题。Zhang 等（2002）改进了 Maillot 和 Stam 的方法，在基于样条逼近的细分方法之后追加回插补偿的步骤，将回插补偿操作程序化，分步骤实现，提出了一种半静态的回插细分方法，如图 1-8 所示。在曲面情况，引入网格顶点和连接边的方向标注，以生成具有整体方向性的光顺曲面。

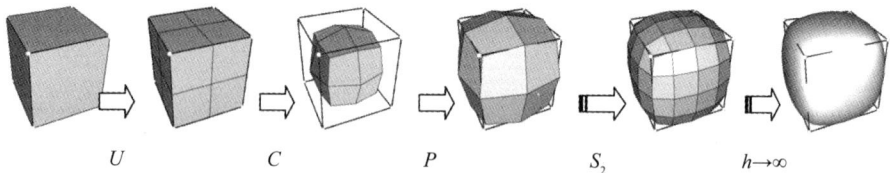

$$U \qquad C \qquad P \qquad S_2 \qquad h\to\infty$$

图 1-8　半静态回插细分方法[1]

Rossignac（2004）利用"tweak"操作实现了三次 B 样条和四点插值细分方法的平均操作，可生成刚好介于三次 B 样条和四点插值细分方法中间的细分曲线，如图 1-9 所示，笔者还将此方法推导到曲面的形式。但是这种"tweak"操作缺乏形式化描述，未能实现两者的融合，笔者对连续性问题未加讨论。

Li 和 Ma（2007）提出一种从逼近细分推导插值细分和融合细分的方法，但仍然需要求解线性方程组，生成的融合曲面能够达到 C^1 连续。同时，

---

[1]　资料来源：H. Zhang, G. Wang. Semi-Stationary Push-Back Subdivision Schemes [J]. Journal of Software, 2002, 13 (4): 1-10.

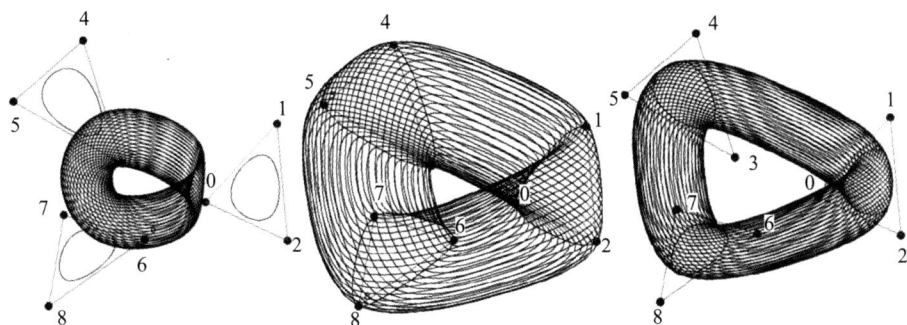

图 1-9　对相同三个控制三角形利用"tweak"操作得到的曲面①

注：（左）对所有曲线进行 B 样条"tweak"操作；（中）对所有曲线进行四点插值型"tweak"操作；（右）对 swept 曲线进行四点插值型"tweak"操作。

将这种方法应用于 Loop 细分、Kobbelt 的 $\sqrt{3}$ 细分以及四边/三角细分方法。

　　Lin 等（2008，2007）从几何规则上找到了三次 B 样条和四点插值细分方法的联系，并将这种联系用于推导出新的插值细分模式。并且由 Catmull-Clark 推导得到的插值细分模式是基于张量积四点插值的插值细分模式，该细分模式可以处理任意多边形网格，并且极限曲面可达到 C^1 连续。Shi 等（2008）利用类似方法，基于 Loop 细分方法，推导出新的三角形插值细分模式。Beccari 等（2010）从曲线细分的一般生成方程给出了一种单变量逼近和插值融合的细分方法，其方法类似于 Lin 等的方法，但其只给出了曲线的形式，对连续性的讨论不多。Deng 等（2012）提出了一种 Loop 细分曲面的渐进插值方法。

1.3.4　细分方法与多分辨率分析

　　细分方法与多分辨率分析、小波分析有着紧密的联系。如果将网格模型看作是经过若干次细分得到的光滑复杂曲面，那么模型就可以转化为初始控制网格和若干细分规则来表示。Zorin（2006）曾在 Siggraph Courses 中就多分辨率细分曲面进行了深入而细致的分析。如图 1-10 所示，多分辨率

①　资料来源：J. Rossignac. Education-Driven Research in CAD ［J］. Computer-Aided Design, 2004, 36 (14)：1461-1469.

细分方法扩展了细分的含义。通过引入细节，即使由相同基网格获得的细分曲面也有所不同。

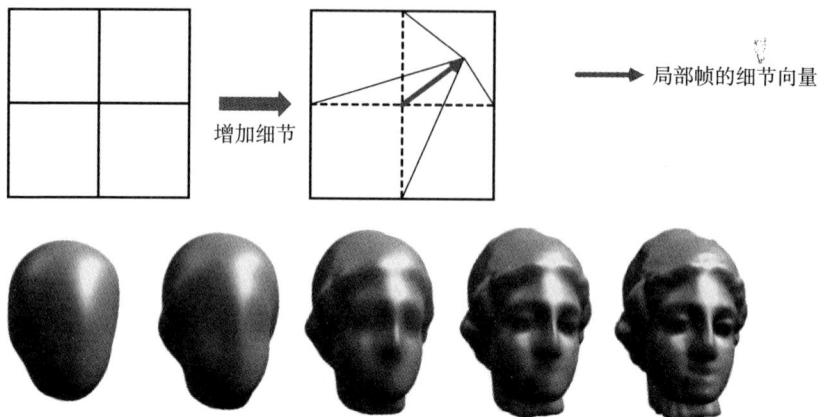

局部帧的细节向量

增加细节

图 1-10　多分辨率细分曲面①

　　在实际情况中，三维网格模型一般并不具有细分连通性，需要先进行重新网格化（Remeshing）的操作，而且即使网格拓扑具有细分连通性，其网格数据通常也不是某一细分模式的极限曲面，因此需要将网格数据与细分曲面的差作为曲面细节数据保存，并根据需要进行取舍。Bandara 等（2016）针对细分曲面的多分辨率形状优化进行了分析。细分方法与多分辨率方法结合，可以使复杂几何模型的重建和分析变得更加容易，同时还能够简化几何模型的快速绘制、编辑等操作，因此非常适于普适终端三维模型的生成表示以及显示处理。Ramos 等（2013）通过 GPU 实现了多分辨率模型的显示。

1.3.5　细分方法的 GPU 实现

　　细分曲面通常能够生成和渲染基于粗糙网格的光滑极限曲面。随着 Direct 3D 和 OpenGL ES 对 GPU 中 Tessellation 细分曲面的支持，研究人员可利用 GPU 直接生成细分后的几何模型。基于 GPU 的细分曲面计算方法可分

　　① 资料来源：D. Zorin. Modeling with Multiresolution Subdivision Surfaces ［C］. Boston, Massachusetts：ACM SIGGRAPH 2006 Courses, 2006.

为三类：全局细分算法、直接计算算法和基于面片的逼近算法。早期，
Shuie 等（2005）将 Catmull-Clark 细分曲面的控制网格进行分解，以顶点
1-邻域曲面片为绘制单元，其控制顶点为 2-邻域子网，称为片段网格
（Fragment Meshes），利用纹理内存对每个片段网格进行全局细分。Kim 等
（2005）将 Shuie 的算法推广至 Loop 细分曲面。Bouberkeur 等（2008）提出
一种基于 GPU 的任意拓扑网格的动态自适应细分方法，除了通常的位置、
法线、颜色和纹理坐标外，可以通过指定逐顶点深度标记来控制自适应优
化的级别。Patney 等（2009）提出了视点相关的自适应细分方法。细分曲
面的极限曲面往往包含非常多顶点和拓扑信息，在实时渲染时非常耗时和
消耗资源。研究人员利用参数曲面逼近细分曲面的极限曲面求解奇异点处
的细分曲面。Li 等（2011）利用四次三角 Bézier 面片插值采样点网格来逼
近 Loop 细分曲面的几何结构。为了弥补相邻面片间法向场不连续的缺陷，
用四次三角 Bézier 面片逼近细分曲面的切向量域，重构出连续的法向域。
Amresh 等（2012）和 Loop 等（2009）还采用了 Gregory 曲面片分别逼近
Loop 细分曲面和 Catmull-Clark 细分曲面。两者在一定程度上都降低了细分
曲面的质量和精度。Nießner 等（2012a，2012b，2013）提出了精确绘制
Catmull-Clark 极限细分曲面的方法。首先通过预测细分表在 CPU 中计算细
分曲面控制网格的拓扑，其次对奇异点附近的面片进行逐层剖分，并在
GPU 中并行计算每一层面片的控制顶点，最后利用 GPU 的细分着色器进行
绘制。Brainerd 等（2016）使用标准的 GPU Tessellation 硬件，并独立处理
初始控制网格的每个面片，从而允许在一次过程中渲染整个模型。该方法
的核心思想是提前对每个面片的 u、v 域进行细分，生成一个四叉树结构，
然后对每个输入面片提交一个细分基元，使细分曲面能够像三角形、点或
线一样易于绘制。

1.4 基于细分曲面的网格简化与压缩技术

研究普适图形传输的意义在于提高网络的传输能力。在硬件性能受限
的条件下，如果通过对几何模型的数据进行压缩，以降低网络开销和提高
处理效率。三维网格压缩的目的在于用尽可能少的数据量来表示几何模型

的几何信息和拓扑信息。几何信息，即顶点的坐标位置，还包括点的颜色、表面法向和纹理坐标等；拓扑信息，即顶点、边、面各自间的连接关系。三维网格的压缩通常分成两部分，即几何信息压缩和拓扑信息压缩。

三维网格压缩技术可大致分为两种：单分辨率压缩技术和渐进式压缩技术。早期的研究大多是单分辨率压缩技术，随着渐进网格的提出，渐进式网格压缩技术被广泛采用。从图1-11可以看出，两者的区别在于单分辨率压缩技术是将拓扑信息和几何作为一个整体进行压缩和编解码，而渐进式压缩技术则是将复杂模型表示为一个简化的模型和多个层次细节文件，进行分层分级显示。

图1-11 单分辨率压缩（上）和渐进式压缩（下）的区别①

1.4.1 单分辨率压缩技术

1995年，Deering最先提出了几何压缩（Geometry Compression）的概念，给出了三角条带压缩方法，如图1-12所示。此后，也出现了针对拓扑信息和几何信息的条带压缩算法（Speckmann and Snoeyink, 1997; Chow, 1997; Evans et al., 1996; Stewart, 2001）。单分辨率压缩技术可分为四类。

（1）拓扑手术压缩方法。基于Turan（1984）的方法，Taubin和Rossig-

---

① 资料来源：Martin Isenburg 在 Eurographics Symposium on Geometry Processing 2005 宣读论文的 PPT。

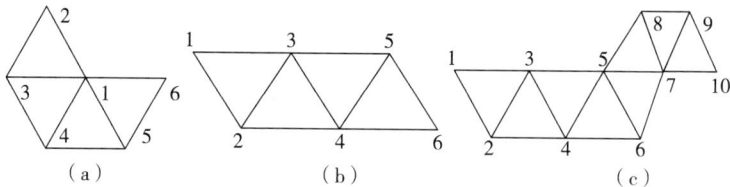

图1-12 三角条带图形实例

注：（a）三角扇形；（b）锯齿三角条带；（c）广义三角带。

nac（1998）提出了拓扑手术压缩方法。该算法为三角形网格构造顶点生成树，沿顶点展开树的边将网格剪开，变成三角形展开树。通过对顶点展开树和三角形展开树进行关联匹配和编码来重构原来的三角形网格。其编码结果是平均2～3bits/triangle。但这个算法在解压时需要占用大量的内存空间，不适于小屏幕终端使用。

（2）入度编码压缩方法。Touma等（1998）提出了入度编码的思想，以顶点遍历的方式，使用一种顶点连接码对三角形进行压缩，在解码时需要一个记录所有顶点信息的栈结构。Alliez和Desbrun（2001）则是以顶点的入度为准则，通过优先网格遍历顺序，尽可能减少分裂次数和预测误差，从而获得了较高的编码效率，其在拓扑信息的熵压缩最坏情况下的理论最优极小值为3.245bpv（比特/顶点）。Bóo等（2001）和Park（1999）分别提出了以三角形环和三角形带为基础的编码方式。两者都是根据顶点分层的顺序对各顶点的度数编码。这样的编码优点在于结构清晰，过程简单，解码端能以层为单位并行还原模型。缺点是顶点度数的取值范围太大，造成编码单元位数上升，影响了压缩率。Isenburg（2002）还利用顶点度序列和面入度顺序来表示多边形的拓扑关系，算法的拓扑编码率在0.76～2.54bpv。

（3）基于区域扩张的压缩方法。区域扩张压缩技术的基本思想是以某一三角形开始，逐步扩张所处理的三角形，对三角形进行编码操作。Gumhold等（1998，1999）提出一种Cut-border Machine编码算法。该算法实现简单，无须事先遍历整个网格寻找网格的边界，可以直接从任意一个三角形开始对整个网格编码，每一个三角形对应于一个操作码。算法解码只需要依次解释编码时的构造命令，重构相应的三角形即可。拓扑编码算法的效率可以达到1.6bits/triangle。但是在解压时需要较多的内存。另外，Rossignac

（1999）提出 Edgebreaker 编码方法也是基于区域扩张的思想。Edgebreader 通过操作单元遍历三角形和顶点，解码端通过操作码序列与顶点预测偏移度进行解码。该方法对编码的效率给出了一个很好的上限估计：大概是 1.8bit/triangle，King 等（1999）对此也给出了明确的数学证明。经研究发现 Edgebreaker 算法有三个缺陷：①多次路径（Multiple Pass Traversals）的压缩三角片，造成执行时间浪费；②反向解压缩程序，使解压缩的过程必须在离线（Off-Line）的状态下进行；③编码必须预先传输三角网格的边界，这部分信息几乎不被压缩。因此，研究人员对 Edgebreaker 方法进行了改进（Isenburg and Snoeyink，2000；Szymczak et al.，2000；Gumhold，2000；Rossignac and Szymczak，1999）。

（4）流式网格压缩方法。为实现大规模网格数据的快速传输，Isenburg（2005，2006）提出流式网格的概念，把网格看作由多边形组成的流，网格的压缩和解压过程都是局部性操作。同时，也只需要扫描一次压缩的文件就可以重构网格。这种流式网格压缩其思想与区域扩张压缩方法相似，这种方法虽然在压缩率上略显不足，但对于内存受限的计算终端是非常有利的，无须将整个模型放入内存即可进行渲染和处理。

1.4.2　渐进式压缩技术

渐进式压缩，是指对几何模型进行多分辨率分解（Garland，1999），建立一个 LoD（Level of Detail）层次结构，然后依次传输基网格和各层次的细节，实现渐进式传输。在渐进式传输机制中，接收端可以很快接收到一个简单的几何模型进行显示、交互等操作。此后随着细节传输的增加，接收到的模型越来越逼近原始模型。

渐进网格是 Hoppe（1996）为三角形网格提出来的一种连续多分辨率表示方法，如图 1-13 所示。一个几何模型的渐进网格表示由一个基础网格和一系列顶点分裂操作构成：

$$M^0 \xrightarrow{vsplit_0} M^1 \xrightarrow{vsplit_1} \cdots\cdots M^0 \xrightarrow{vsplit_{N-1}} M^N$$

其中，M^0 是基础网格，$vsplit_i$ 是顶点分裂操作，M^N 是原始网格。一个顶

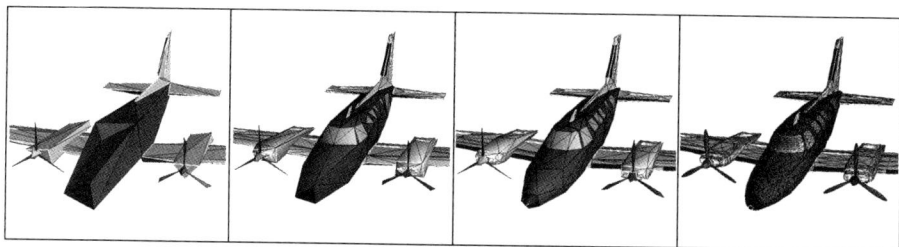

图1-13 渐进网格举例①

点分裂操作需要三个顶点 (s_i, l_i, r_i) 来表示。假设 s_i 是被分裂的顶点，l_i 和 r_i 是 s_i 的两个相邻顶点，指明分裂 s_i 时所分裂的两条入射边。s_i 可用一个长为 $\log_2(N)$ 的整数来表示，由于 l_i 和 r_i 是 s_i 的相邻顶点，因此可以平均用5bit来表示（假设网格上顶点的平均入度为6）。渐进网格的不足之处在于它仅适用于有向流形，并且不能在简化和恢复的过程中改变网格的拓扑结构，从而制约了编码的效率。基于渐进网格，Hoppe（1998）还提出了基于视点的层次细节模型。Pajarola 等（2000）提出了压缩的渐进网格，在简化的过程加入约束，并且采用批处理方式对顶点进行分裂，使 s_i 编码代价从 $\log_2(N)$ bit 降低为平均 2bit。

Taubin 等（1998）提出了森林分裂压缩算法（Progressive Forest Split）。该方法将三角形网格转化为基础网格和一系列后续的森林分裂操作。被分裂的边称为森林边（Forest Edge）。该方法的思路是沿着森林边将三角形网格剪开，在网格上产生许多空洞，每一个空洞即是一个简单多边形，然后将所有的简单多边形进行三角化。每一次森林分裂都会使网格增加50%~70%顶点和面片。

Cohen-Or 等（1999）利用着色技术实现渐进网格的构造，用四种不同颜色对网格上的三角形进行着色，相互连接、具有相同颜色的三角形表示一个插入新顶点的区域，然后通过顶点删除的简化方法把几何模型表示成一个基础网格和一系列顶点插入操作。此时，网格上的每一个三角形需要 2bit。

基于网格模型的拓扑连接关系，Karni 等（2000，2001，2002）利用谱分解的思想提出一种新的几何坐标整体压缩方法。根据模型的拓扑结构构造一个顶点连接矩阵，分别计算该连接矩阵的特征值和特征向量。以这些

---

① 资料来源：H. Hoppe. Progressive Meshes [C]. Proceedings of Siggraph'96, 1996: 99-108.

特征向量作为基函数，对顶点向量进行谱分解。特征值大的特征向量所对应的系数描述了几何信息的低频部分，特征值小的特征向量所对应的系数描述了几何信息的高频部分。通过对高频系数的舍弃以及低频系数的量化、编码，获得高压缩比。

近年来，出现很多面向移动终端的三维网格渐进式简化和传输的方法，Luo 等（2008）基于 Butterfly 细分方法提出了逆细分的渐进网格传输方法，如图 1-14 所示。此后研究人员（罗笑南等，2007；Chen et al.，2008；马建平等，2009）还相继提出了基于 Kobbelt 细分以及 Loop 细分的网格模型简化和渐进传输方法。由于基于细分方法，因此此类简化方法可以批量处理三维网格，速度较快，在终端上的重建速度也有一定的提高。

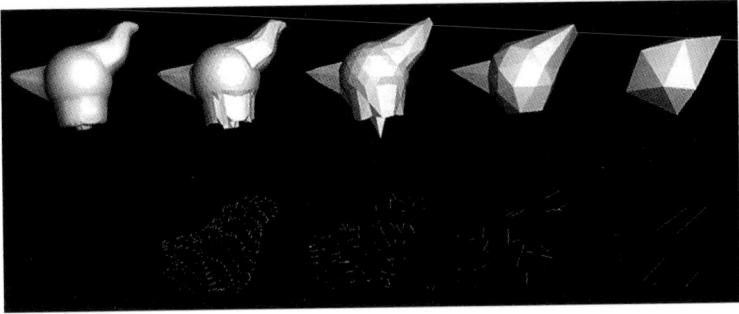

图 1-14　逆 Butterfly 细分的网格简化方法

注：上为网格的渐进表示；下为层次误差向量放大显示。

资料来源：X. Luo, G. Zheng. Progressive Meshes Transmission over a Wired-to-Wireless Network [J]. ACM Journal of Wireless Networks, 2008, 14（1）: 47-53.

Wu 等（2007，2006）还提出了一种面向移动显示的基于 PoI（Point of Indiscernability）的简化算法，把不影响视觉效果的最低 LOD 的图形层次称作 PoI 层。结合细分小波技术，通过建立虚拟屏幕比较得出模型简化前后的几何误差，保证简化前后模型的显示效果没有太大的损失。由于该方法结合了移动终端特性构造出适合不同显示终端的多分辨率简化模型，使获得的简化模型可以很好地适应终端设备的显示需求。但是由于该方法是对细分小波的误差进行分析，要求原始模型具备细分连通性，因此也限制了该方法的广泛应用。

此外，渐进式网格方面还有一些很典型的工作，如 Khodakovsky 等（2000）基于细分曲面的渐进式几何压缩所提出的细分重采样的方法，Gandoin 等

（2002）基于 Kd-tree 提出的渐进式几何压缩方法等，Yi 等（2018）提出的 Delaunay 三角网格简化方法。Maximo 等（2013）提出了一种适用于 CPU 和 GPU 的自适应多图多分辨率网格表示方法。通过将多边形网格简化为基础网格，并将原始几何体存储在 Atlas 结构中来构建表示。同时为了网格简化和多分辨率控制，利用 Stellar Operators 将算法扩展到 GPU 处理中。

1.5 本书的研究内容

为实现能够随时随地在不同的设备终端上运行图形应用程序，本书针对普适终端设备和复杂网络环境的特点，研究三维图形在不同网络条件下的传输与显示等问题。本书以细分曲面造型技术为基础，从三维几何数据表示方法，普适计算环境下的自适应传输技术以及在普适终端快速渲染显示方法等方面展开研究，并结合实际应用，设计面向普适终端的交互式三维图形计算整体应用架构。

1.5.1 主要研究内容

本书主要研究内容概括为如下：

（1）阐述面向普适终端的三维图形显示与传输方法。对基于细分曲面的三维网格表示方法进行综述，对细分方法的来源、发展历史、细分方法的分类和连续性分析以及基于细分曲面的网格简化和压缩技术进行介绍。

（2）为了降低在普适终端上进行矢量图形绘制的计算量并提高细分曲线的连续性，建立了融合细分方法的统一计算框架。从基于三次 B 样条的逼近细分曲线推导出新的 C^2 的插值细分曲线和 C^1 的融合细分曲线，从三重逼近细分推导出新的 C^2 的三重插值细分曲线和 C^2 的三重融合细分曲线。通过增加权值控制参数，可方便地控制细分曲线的形状，实现局部插值，获得快速高质量的绘制效果。

（3）为了提高细分曲面的生成效率，方便普适终端显示，基于双三次 B 样条曲面，构造细分曲面的位移算子，提出新的三重细分曲面造型方法，构造规则点处的细分模板，并利用傅里叶分解的方法，构造了非规则点处的细分模板。生成的三重细分曲面极限能够达到 C^2 连续，保证了在不同显示精度下几何模型的光滑性。

（4）提出基于屏幕感知因子的几何图形简化方法，充分考虑显示终端的渲染和显示能力，自动生成与终端能力匹配的几何网格模型，并最大限度地减少用户不可感知的冗余数据。在此基础上，采用流式网格方法，生成渐进式多分辨率层次模型，进行网格流式渐进传输。算法生成码流速度快，客户端不需要等待整个模型下载完毕就可以开始进行渲染。利用本算法可显著简化网格和减少传输需要的内存和网络带宽。算法具有实时性并且可以处理任意规模的网格数据。

（5）根据实际应用的需求并结合提出的细分造型方法及传输算法，提出面向普适终端的几何图形交互计算模型，合理分配有限资源。在此基础上，提出基于屏幕感知因子的三维动画交互显示方法，应用于面向普适终端的手语动画的交互信息服务。充分利用普适终端的计算能力和网络资源，通过动态三维手语动画为用户随时随地提供信息服务。

1.5.2 本书章节安排

第1章：主要介绍了本书工作的相关背景，阐述了面向普适终端的图形计算所面临的问题，并对面向普适终端的图形传输技术、细分曲面造型方法及移动几何图形简化与压缩技术进行综述。

第2章：主要介绍了细分方法的相关基础概念，包括三维网格的定义、细分算法的描述，网格的表示方式和数据结构等。

第3章：主要介绍了细分方法的分类和常用的细分方法，包括 Doo-Sabin 细分方法、Catmull-Clark 细分方法、Loop 细分方法、Butterfly 细分方法、$\sqrt{3}$ 细分方法和 4-8 细分方法，并介绍了细分方法的分析方法，包括细分矩阵、离散 Fourier 变换、特征值分析和连续分析等。

第4章：总结出插值细分与逼近细分的内在联系，提出了基于三次 B 样条推导出插值细分方法，并在此基础上给出了基于三次 B 样条的融合细分方法，以及带形状控制参数的融合细分曲线。经过分析，基于三次 B 样条的融合细分方法的极限曲线可达到 C^1 连续。

第5章：融合上述两种细分方法的优点，从高阶光滑的逼近型曲线细分方法给出了具有相同光滑性的插值型曲线细分方法和融合曲线细分方法。提出一种新的三重插值细分曲线和三重融合细分方法，并在此基础上给出带形状控制参数的融合细分曲线。经过分析，新的三重融合细分方法则可以达到 C^2 连续。

第6章：基于双三次 B 样条曲面，提出一种面向普适终端的三重细分曲面方法。详细给出了三重细分曲面在规则点处的细分模板和非规则点处的细分模板。生成的极限曲面能够达到 C^2 连续，保证了在不同显示精度下几何模型的光滑性。

第7章：从显示终端的屏幕分辨率出发，提出一种基于屏幕感知因子的三维网格简化与流式传输方法。获得基于目标屏幕分辨率的感知度量，优先对不能被用户所感知的冗余三维数据进行简化，得到面片规模与屏幕显示精度匹配的简化模型，并在此基础上提出三维网格流式渐进传输方法，无须将整个模型装入内存即可实现对三维模型的渐进表示和传输。

第8章：提出一个面向普适终端的三维几何图形的计算模型，为交互式普适图形应用提供基础，并结合实际应用，给出基于三维网格模型自适应显示和脚本驱动的普适终端手语动画系统的设计和实现。

第9章：全书内容回顾和总结，并说明了将来研究工作的方向及设想。

2 细分方法基础

细分曲面可为任意拓扑结构的控制网格构建光滑的细分曲面，属于几何处理的范畴，主要是将细分算法应用于几何模型。如果算法代表动作，那么几何模型就是操作对象。本章讨论细分曲面中几何模型的表示，这里主要讨论三维模型，即细分网格的相关基础概念。

2.1 网格的基本概念

网格是细分曲面的基本概念，用于描述细分曲面的拓扑结构。细分曲面的初始控制网格和最终生成的极限曲面都是由离散化的网格表示的。所谓离散化就是网格通过一系列的面片拼接而成。三维网格是由点、边和面三类几何元素以及三者的拓扑关系构成的集合。这里讨论的网格具有二维流形的特点（Botsch et al.，2010）。

2.1.1 网格的定义

定义 2.1 由顶点（Vetex）、边（Edge）和面（Face）构成的整体或部分多面体表面（Surface）被称为网格（Mesh）。

定义 2.2 在网格中的一条边仅属于一个面，则称该条边为边界边（Boundary Edge）；若网格中的一个顶点属于某边界边，则称该顶点为边界点（Boudary Vertex）；至少包含一个边界顶点的面称为边界面（Boundary Face）。非边界的顶点、边和面分别称为内部顶点（Internal Vertex）、内部边（Internal Edge）和内部面（Internal Face）。

图 2-1 是一个网格举例，其中 f_1 为内部面，f_2 和 f_3 为边界面。e_1 和 e_2 为

内部边，e_3 为边界边。顶点 v_1 为内部顶点，v_2 为边界点。

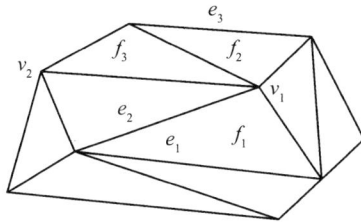

图 2-1　网格表示

定义 2.3　包含边界边的网格称为开网格（Open Mesh），否则称为闭网格（Close Mesh）。

定义 2.4　对于网格中的任意顶点 v，若边 e 的其中一个顶点为 v，则称 e 为 v 的相邻边；若面 f 的其中一个顶点为 v，则称面 f 为 v 的相邻面。顶点 v 的相邻边数量称为顶点 v 的价（Valence），记为 $N(v)$。

定义 2.5　对于网格中的任意两个顶点 v_i 和 v_j，若存在最小整数 n，使边集合满足：v_i，v_j 分别与 e_1 和 e_n 为相邻；e_l 和 e_{l+1} 相邻（其中 $1 \leq l \leq n-1$），则称 n 为顶点 v_i 和 v_j 之间的距离。

定义 2.6　对于网格的任意一个顶点 v，以 v 为中心，所有到 v 的距离小于 k 的顶点所构成的子网格，称为顶点 v 的 k-邻域（k-neighborhood）。例如，图 2-2（a）中是顶点 v_0 的 1-邻域。

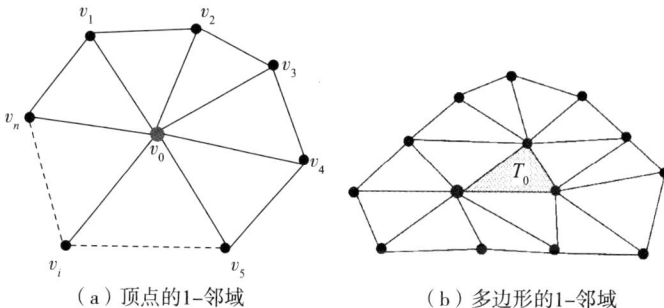

（a）顶点的1-邻域　　　　　　（b）多边形的1-邻域

图 2-2　k-邻域

定义 2.7　对于网格中的多边形 T，以 T 为中心，所有到多边形 T 的距离小于 k 的顶点所构成的子网称为多边形 T 的邻域。例如，图 2-2（b）中

是三角形 T 的 1-邻域。

在细分方法中，网格曲面可根据网格面边数的不同，通常分为三角面片、四边形面片及六边形面片。组成网格曲面的所有面片均为三角形的网格被称为三角网格（Triangular Mesh）；若所有面片均为四边形的网格被称为四边形网格（Quadrilateral Mesh）；同样地，若所有面片均为六边形的网格被称为六边形网格（Hexagonal Mesh）。

2.1.2 规则网格

细分方法的来源是样条。样条曲面通常是样条曲线的张量积形式，因此样条曲面的控制网格是规则网格。我们可以将规则网格理解成在一个房间地面进行地砖的铺设，在同一个房间只使用同一种相同规格的地砖。对于规则网格，通过细分规则得到的细分曲面的拓扑结构和初始控制网格保持一致，网格则更加密集。

由三维模型扫描设备和交互式建模工具得到的三维网格往往是不规则的网格，称为任意拓扑（Arbitrary Topology）结构。对于细分曲面来说，最常见的网格结构是三角网格、四边形网格和六边形网格。对于三角网格 M，若所有内部顶点的价 $N(v)$ 等于 6，且边界顶点的价等于 4 或 2，则称该三角网格为规则网格（Regular Mesh），顶点 v 称为规则顶点（Regular Vertex）。若其中有顶点 v' 的价不等于 6，则该三角网格称为非规则网格，顶点 v' 称为奇异顶点（Extraordinary Vertex）。同理，对于四边形网格 M，若所有内部顶点的价 $N(v)$ 等于 4，边界顶点的价等于 2 或 3，则称为规则网格。若其中有顶点 v' 的价不等于 4，则称该四边形网格为非规则网格。在实际情况中，细分规则在规则顶点处简单易操作，对于奇异顶点处的计算规则更为复杂。同时，当细分网格为有界曲面时，奇异边界点和规则边界点的细分规则也不尽相同。

2.1.3 细分算法

细分是将初始稀疏的控制网格细化成具有相同拓扑结构的更细密的控制网格，从而获取光滑的极限曲面。这一过程称为细分方法（Subdivision Scheme）。一般地，细分算法的每次细分可分解成两个步骤：

（1）在控制网格中插入新的顶点，建立新的网格拓扑结构。这个过程叫作网格分裂（Mesh Splitting）。插入新顶点的和连接这些新顶点的方法称为拓扑规则（Topological Rules）。在网格分裂的过程中根据不同的细分方法，会插入三类顶点，如图2-3所示，即在每个面生成一个新的顶点，称为面点（Face Vertex）。在每条边上生成一个新的顶点，称为边点（Edge Vertex）。对顶点进行位置更新，称为新的顶点（New Vertex）。

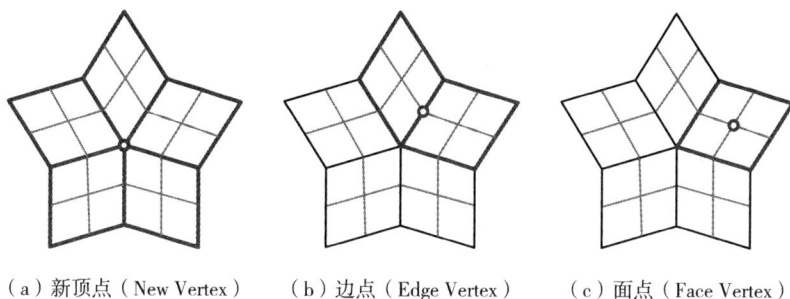

（a）新顶点（New Vertex）　　（b）边点（Edge Vertex）　　（c）面点（Face Vertex）

图2-3　顶点的拓扑结构

（2）计算所有新顶点的几何位置。这个过程称为平均（Averaging），相应的方法称为几何规则（Geometric Rules），即分别根据不同的邻域，来计算面点、边点和顶点的位置。

在构造细分曲面时，拓扑规则决定了网格的拓扑结构，即点、线、面的构成。而几何规则决定了细分曲面的极限曲面形状。M^k（$k>0$）称为细分曲面的控制网格（Control Mesh）。通常把 M^0 称为细分曲面的初始控制网格（Initial Control Mesh）。给定初始控制网格 M^0，采用某种拓扑规则和几何规则对其不断地进行插入新的控制顶点，从而得到网格 $\{M^k \mid k = 1, 2, 3, \cdots\}$，记一系列细分操作为 T，则：

$$M^k = T(M^{k-1}) \tag{2-1}$$

如果存在 σ，使细分网格满足：

$$\sigma = \lim_{k \to \infty} M^k \tag{2-2}$$

则 σ 称为细分曲面（Subdivision Surface），也称为细分极限曲面（Subdivision Limit Surface）。

对于初始控制网格 M^0，如果经过一次细分之后生成的控制网格 M^k（$k>0$）中新插入的顶点都是规则的，只有与 M^0 中奇异点相对应的生成顶点是奇异的，则称 M^k （ $k>0$ ）为半正则网格（Semi-regular Meshes）或具有细分连通性的网格（Subdivision Connectivity Meshes）。

大多数细分算法首先构造规则点处的细分规则。在构造规则点处的细分规则基础上，进行构造奇异点处的细分规则。这是因为规则点处顶点的价相同，并且易于控制。对于非规则网格进行细分算法定义包括四个步骤：①根据不同的网格特性，定义规则网格；②选取用于计算新顶点的旧顶点的集合；③对旧顶点的权重进行计算；④将规则推导到奇异点处的细分规则。通常，细分曲面在奇异点处通常达到 G^1 光滑，而在规则点处的光滑程度通常大于 G^1 ，这是由奇异点处的计算规则所决定的。如果一个细分曲面的极限曲面收敛于某一样条曲面，那么该细分曲面的连续性则与相应的样条曲面一致。对于细分算法的评价，可以根据细分曲面的光顺性和连续性等方面进行分析。

2.2　网格的表示和数据结构

网格的表示方法很多，既可以有向图，也可以无向图。在不同的软件或者开发包里，网格数据结构的实现都是有差异的。这种差异主要体现在网格连接关系的存储上，比如顶点是否存储相邻点、相邻边和相邻面的信息，边是否记录相邻面的信息等。并非存储信息越多越好，因为存储的信息越多，查询的时候越方便，但是冗余的信息也越多，如果网格连接关系发生改变时，需要维护的信息也越多。另外，这些关系的建立也是需要开销的。

网格数据的表示按照拓扑结构信息分为：①以顶点为中心；②以边为中心；③以面为中心三种方式。顶点是网格的最基本元素。最简单的网格数据表示应包含顶点的坐标信息和网格面片的信息。例如，图 2-4 给出了一个四面体 off 文件的表示实例。其给出了顶点数（Number of Vertices）、面数（Number of Faces），其中的三角面片面是通过该面的所有顶点的索引序列进行表示，通过顶点的索引可以找到对应顶点的坐标。这种表示方法简单，存储高效。通常 off 格式、obj 格式和 VRML 格式都采用了这种表示方式。

```
OFF
4 4 0
−1.0000   −1.0000   −1.0000
1.0000    1.0000    −1.0000
−1.0000   1.0000    1.0000
1.0000    −1.0000   1.0000
3  1 2 3
3  0 3 2
3  0 2 1
3  0 1 3
```

（a）off文件   （b）网格模型

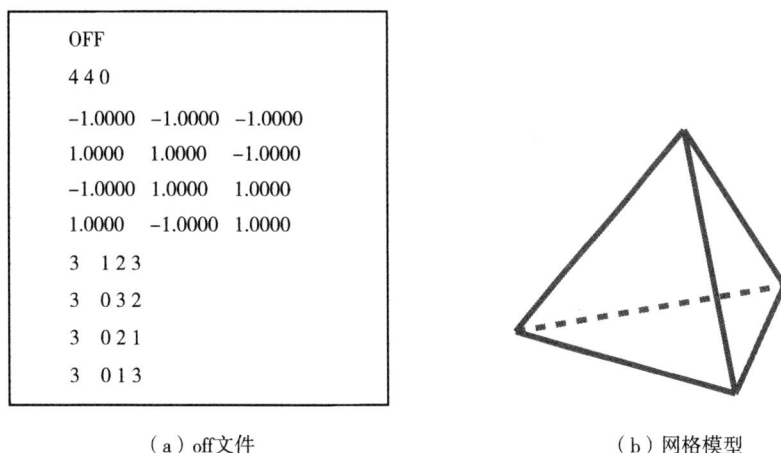

图 2-4　三角网格的表示实例

网格常用的数据结构有三种，分别是面列表（List of Faces）、邻接矩阵（Adjacency Matrix）、半边结构（Half-Edge）。

（1）面列表（List of Faces）。这是一种最简单的表示网格曲面的方式。例如，对于如图 2-5 所示的三角形网格，首先存储网格中的所有顶点坐标信息，如图 2-6（a）所示。其次，将网格中的每一个面片通过顶点的索引独立存储，如图 2-6（b）所示。这个方法直观地表示了顶点和面的从属关系，方便而紧凑，可表达非流形网格。但是由于没有保存顶点之间的连接信息，因此这种数据结构在建立部分顶点的局部连接关系时计算代价过高。

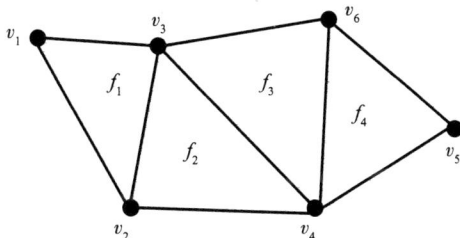

图 2-5　三角网格举例

在进行网格数据拓扑结构搭建时，需要频繁使用以下操作：

顶点 （Vertex）	顶点坐标 （Coordinate）
v_1	(x_1, y_1, z_1)
v_2	(x_2, y_2, z_2)
v_3	(x_3, y_3, z_3)
v_4	(x_4, y_4, z_4)
v_5	(x_5, y_5, z_5)
v_6	(x_6, y_6, z_6)

面 （Face）	顶点索引集合 （Indices of Vertices）
f_1	(v_1, v_2, v_3)
f_2	(v_2, v_4, v_3)
f_3	(v_3, v_4, v_6)
f_4	(v_4, v_5, v_6)
f_5	(v_2, v_4, v_5)

（a）顶点坐标集　　　　　　　　　　　　　（b）面列

图 2-6　面列表数据结构实例

（a）读取任意顶点，边和面，这需要无序遍历所有的数据。

（b）遍历某个面的所有边，这需要下一条边（或上一条边）的指针。

（c）读取某条边的所有相邻面。这需要确定该边两个相邻面的方向。

（d）给定某条边，找到该边对应的两个端点。

（e）给定某顶点，找到相邻面或者相邻边，以及 k-邻域点。

因此，对需要大量考虑顶点、边和面的邻接关系的细分曲面来说，这种数据结构不够高效。

（2）邻接矩阵（Adjacency Matrix）。针对面列表（List of Faces）结构中未包含顶点之间的连接关系，可以将网格视为邻接图，生成一个表示顶点之间相邻关系的矩阵。给定一个包含 n 个顶点的网格，构建一个 $n×n$ 的矩阵来表达邻接关系。在基于邻接矩阵的数据结构中，网格表示如下：①用一个顺序表来存储顶点信息；②用一个顺序表来存储面信息；③用邻接矩阵表示顶点间的相邻关系。如果顶点 v_i 和顶点 v_j 相邻，即存在一条边的端点为 v_i 和 v_j，那么矩阵元素 (v_i, v_j) 值为 1，否则为 0。图 2-7（c）是如图 2-5 所示的三角形网格的顶点邻接矩阵。

这种数据结构的优点在于实现了顶点之间邻接信息的高效查询，并且支持非流形网格；能够方便地查询到一个面包含了哪些顶点，顶点 v_i 和 v_j 是否相邻。但是邻接矩阵只是表示了两个顶点之间的连接关系，并没有对边进行显式表示，因此对于查找网格中某顶点的相邻边和相邻面、某条边的相邻点和相邻面，以及某个面的相邻边，无法快速查询。

顶点 （Vertex）	顶点坐标 （Coordinate）
v_1	(x_1, y_1, z_1)
v_2	(x_2, y_2, z_2)
v_3	(x_3, y_3, z_3)
v_4	(x_4, y_4, z_4)
v_5	(x_5, y_5, z_5)
v_6	(x_6, y_6, z_6)

（a）顶点坐标集

面 （Face）	顶点索引集合 （Indices of Vertices）
f_1	(v_1, v_2, v_3)
f_2	(v_2, v_4, v_3)
f_3	(v_3, v_4, v_6)
f_4	(v_4, v_5, v_6)
f_5	(v_2, v_4, v_5)

（b）面列

	v_1	v_2	v_3	v_4	v_5	v_6
v_1		1	1			
v_2	1		1	1		
v_3	1	1		1		1
v_4		1	1		1	1
v_5				1		1
v_6			1	1	1	

（c）顶点的邻接矩阵

图 2-7　邻接矩阵数据结构实例

（3）半边（Half-edge）结构。在半边（Half-edge）数据结构中，不存储网格边的信息，而是将网格中的每条边看作两个半边。每个半边都是一个有向边，且方向相反，如图 2-8 所示。如果一个边被两个面片公用，则每个面片仅拥有一个半边。如果一条边仅有一个相邻面，即为边界边，则这个面仅拥有该边的其中一个半边，另一个半边为闲置状态。为了简化存储，每一条半边仅存储它的起点指针。半边数据结构支持任意拓扑结构的网格，且仅支持二维流形网络。

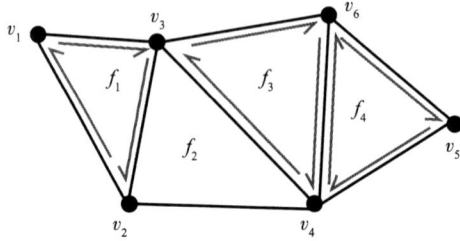

图 2-8 半边数据结构

半边数据结构主要包括三个重要的组成部分：顶点（Vertex）、半边（Half Edge）、面（Face）。我们以 C++程序为例，给出半边数据结构的表示。

顶点（Vertex）：存储包含出半边（Outgoing Halfedge）的指针或索引。在半边数据结构中的点储存 x、y、z 的位置和以其为起始点的半边的指针。对于网格中给定的顶点存在超过一条可供选择的半边。结构为：

```
class HVert
{
    public:
        float x;                // 顶点的 x 轴坐标
        float y;                // 顶点的 y 轴坐标
        float z;                // 顶点的 z 轴坐标
         INT_PTR index;
        HEdge*edge;   // 以 HVert 为起始点的半边指针
    public:
        //此处省略构造函数……
}
```

半边（Half Edge）：包含起始顶点（Start Vertex）、相对的半边（Opposite）、邻接面（Adjacent Face）、下一条半边（Next Halfedge）的指针或索引。结构为：

```
class HEdge
{
    public:
        HVert*vert;                // 半边的起始顶点
        HEdge*pair;                // 相对的半边
        HFace*face;                // 该半边的邻接面
        HEdge*next;                // 该半边的邻接面的下一条半边
    public:
        //此处省略构造函数……
};
```

面（Face）：包含一条起始边（First Halfedge）的指针或索引。一个面仅需储存一个围绕它的边的指针。结构为：

```
class HFace
{
    public:
        HEdge*edge;                // 该面的起始半边的指针
};
```

网格（Mesh）：是由顶点表、半边表和面表组成。结构为：

```
class HMesh
{
    public:
        CPtrList Vert;             // 顶点表
        CPtrList Edge;             // 半边表
        CPtrList Face;             // 面表
};
```

对比面列表结构和邻接矩阵结构，半边数据结构是一种更加复杂的基于边的表示方法。半边数据结构的优点是网格信息检索非常方便，即使包含了面、顶点和边的邻接信息，数据结构的大小是固定的（没有使用动态数组）且紧凑的。在进行邻接查询时，可以快速地通过半边、顶点和面的数据结构找到。其缺点是当网格连接关系发生改变时，需要维护的信息相对较多。由于半边结构的上述特性，对经常需要更新顶点、边点和面点的细分算法实现中应用较多。例如，在细分算法中要计算新的顶点、边点和面点，经常会查询边的两个端点、边的邻接面、面的邻接边以及顶点的相邻边等，利用半边结构能够实现快速查找。

例如，查询某条边 edge 的两个端点或者邻接面时，代码为：

```
//查询某条边的两个端点
HVert*vert1 = edge->vert;
HVert*vert2 = edge->pair->vert;
//查询边的两个邻接面
HFace*face1 = edge->face;
Hface*face2 = edge->pair->face;
```

查询某个面的半边时，因为该面的所有半边形成了一个环状列表，并且面结构中储存了其中一个半边的指针，因此查询代码为：

```
HEdge*edge = face->edge;
do{
        //对边的操作……
        edge = edge->next;
} while (edge ! = face->edge);
```

查询某个顶点的对应边时，代码为：

```
HEdge*edge = vert->edge;
do {
        //对边的操作,edge->pair 或者 edge->face
        edge = edge->pair->next;
}while (edge ! = vert->edge);
```

接下来，讨论如何读取 off 文件，建立一个半边结构的三维网格结构。例如，图 2-4（a）是一个 off 文件，首先，读取顶点数、面数和边数，其代码为：

```
// 读取第一行,判断文件格式
fscanf_s(fp,"% s", &str, sizeof(str));
if (strcmp(str, "OFF") ! = 0)
{
    fclose(fp);
    return FALSE;
}
fscanf_s(fp,"% d% d% d", &vertNum, &faceNum, &edgeNum);
VertPtr. resize(vertNum);
EdgePtr. resize(vertNum);
```

其次，读取顶点数据，并添加到顶点表中，其代码为：

```
// 读取顶点坐标数据
for (i = 0; i < vertNum; i ++)
{
    fscanf_s(fp,"% f% f% f", &x, &y, &z);
    // 生成新顶点
    curVert =new HVert;
    curVert->x = x;
    curVert->y = y;
    curVert->z = z;
    curVert->index = pMesh->CurMesh->Vert.GetSize();
    pMesh->CurMesh->Vert.AddTail(curVert);     // 添加到顶点表中
    VertPtr[i] = curVert;
}
```

得到顶点表之后，就可以建立所有面的结构，这里以生成网格中的一个面为例，其过程是首先找到面的第一条边并存储，其次生成该面的第 2 条边到 $n-1$ 条边，最后生成该面的最后一条边。

首先，生成面的第一条边的主要代码为：

```
fscanf_s(fp,"% d", &n);                          // 读取该面的顶点数
// 生成新面
curFace =new HFace;
fscanf_s(fp,"% d% d", &p1, &p2);                 // 读取顶点在顶点表中的编号
p = p1;
firstVert = preVert = VertPtr[p1];               // 记录第一个顶点
curVert = VertPtr[p2];
//生成该面的第 1 条边
curEdge =new HEdge;
curFace->edge = curEdge;                          // 把第一条边作为面对应的半边
//初始化该边
curEdge->vert = preVert;                          // 记录该半边的起始顶点
//如果未有边与该半边共享起始顶点则将该半边记录到它的起始顶点
if (preVert->edge == NULL){
    preVert->edge = curEdge;
}
// 判断与它相对的半边是否已经存在
it = EdgePtr[p2].find(p1);
if (it == EdgePtr[p2].end()){
    curEdge->pair = NULL;
    EdgePtr[p1].insert(pair <int, HEdge* > (p2, curEdge));
}
else{
    curEdge->pair = EdgePtr[p2][p1];
    curEdge->pair->pair = curEdge;
}
curEdge->face = curFace;                          // 记录与该半边相交的面
curEdge->next = NULL;                             // 暂时置为空
pMesh->CurMesh->Edge.AddTail(curEdge);           // 添加到半边表中
firstEdge = curEdge;                             // 记录第一条边
```

其次，更新 preEdge 和 preVert，并生成该面的第 2 条边到 $n-1$ 条边，主要代码为：

```
preEdge = curEdge;
p1 = p2;
preVert = curVert;
// 生成该面的第 2 到 n-1 条边
for (j = 1; j < n-1; j ++)
{
    fscanf_s(fp,"% d", &p2);
    curVert = VertPtr[p2];
    // 生成该面的第 j+1 条边
    curEdge =new HEdge;
    // 初始化该边
    curEdge->vert = preVert;              // 记录该半边的起始顶点
    if (preVert->edge == NULL)
    {
        preVert->edge = curEdge;
    }
    //判断与它相对的半边是否已经存在
    it = EdgePtr[p2].find(p1);
    if (it == EdgePtr[p2].end()){
        curEdge->pair = NULL;
        EdgePtr[p1].insert(pair <int, HEdge* > (p2, curEdge));
    }
    else  {
        curEdge->pair = EdgePtr[p2][p1];
        curEdge->pair->pair = curEdge;
    }
    curEdge->face = curFace;              // 记录与该半边相邻接的面
    curEdge->next = NULL;                 // 暂时置为空
    pMesh->CurMesh->Edge.AddTail(curEdge);// 添加到半边表中
    preEdge->next = curEdge;              // 初始化上一条边
    // 更新 preEdge 和 preVert
```

```
        preEdge = curEdge;
        p1 = p2;
        preVert = curVert;
    }
```

最后，生成该面的最后一条边，主要代码为：

```
p2 = p;
curVert = firstVert;                       // 回到第一个顶点
curEdge =new HEdge;
// 初始化该边
curEdge->vert = preVert;                   // 记录该半边的起始顶点
if (preVert->edge == NULL)
{
    preVert->edge = curEdge;
}
// 判断与它相对的半边是否已经存在
it = EdgePtr[p2].find(p1);
if (it == EdgePtr[p2].end()){
    curEdge->pair = NULL;
    EdgePtr[p1].insert(pair <int, HEdge* > (p2, curEdge));
}
else{
    curEdge->pair = EdgePtr[p2][p1];
    curEdge->pair->pair = curEdge;
}
curEdge->face = curFace;                    // 记录与该半边相邻接的面
curEdge->next = firstEdge;                  // 下一条边是第一条边
pMesh->CurMesh->Edge.AddTail(curEdge);      // 添加到半边表中
preEdge->next = curEdge;                    // 初始化上一条边
pMesh->CurMesh->Face.AddTail(curFace);      // 添加到面表中
```

当进行细分算法代码实现时，只需要在半边数据结构的顶点表、边表和面表中添加相应的新点 HVert * newvert，并根据细分几何规则来对新的顶点、边点和面点进行计算，建立新的面表连接关系就可以完成细分算法的实现。

2.3 细分与 Tessellation

值得注意的是，除了上述细分曲面（Subdivision），还有另一个英文名为 Tessellation 的技术，直译为"镶嵌"，通常也被译为曲面细分。Subdivision 和 Tessellation 既有联系，也存在不同之处。

Subdivision 是对网格进行处理，为任意拓扑结构的控制网格构建光滑的细分曲面。作为分段参数曲面，细分曲面需要对初始控制网格进行一系列细化操作。Tessellation 主要是通过 GPU 对三维网格的自动化操作，在显卡上动态生成新的顶点和面，使模型细化，因此也称为硬件实现的"细分曲面"。GPU 在使用了 Tessellation 技术自动插入大量新的顶点之后，模型的曲面会被分得非常细腻，看上去更加平滑致密，从而获得更好的三维图形显示效果。Tessellation 主要用于解决 3D 模型的精细度（细节）和多边形数量的控制，能够使用 LOD（Levels of Details）模型来进行模型的渲染。例如，当需要近距离观察一个复杂的人脸 3D 模型时，用户希望能够看到这个模型的所有细节，包括皮肤的褶皱等。因此，需要使用一个高精细度的模型，高精细度的模型就需要更多的三角面片以及更多的处理器资源。当在稍远的距离观察这个模型的时候，用低精度模型使更多的计算机资源能够用于渲染离视点更近对象。Tessellation 无须将大量的顶点数据传输给显卡，而使显卡能够根据一定规则自动生成细节层次更多的顶点，通过连接生成的新顶点就能够产生数量巨大的多边形。通过人工控制的方式实现真实的顶点位移，可增加 3D 模型的细节表现。同时利用 GPU 生成的多边形顶点位移技术还可以进行置换贴图（Displacement Mapping）。通过一张深度贴图，即通过明度深浅的不同来确定对应顶点的偏移量，来控制通过曲面细分产生的大量顶点，制造出实际的模型位移，使模型的细节大幅提升，在原本的平面上创造出凹凸的效果，明显改善画面质量。

在移动图形 API 中，从 OpenGL ES 3.2 开始支持 Tessellation 细分曲面这

一新的特性。Tessellation 技术是可编程的，可以对三维网格进行平滑处理，也可以实现连续 LOD 算法。还提供了多种插值顶点位置的方法来创造各种曲面，如 N-Patch 曲面、Bézier 曲面、B-Spline 曲面、NURBS 曲面，并能够通过递归算法接近 Catmull-Clark 极限曲面。

　　Tessellation 是在 OpenGL ES 的渲染管线中实现的。渲染管线（Pipeline）也称为渲染流水线，指图形的渲染过程，即从输入数据到最终产生渲染结果数据所经过的通路及所处理。一般由 GPU 内部的并行处理单元组成，与 CPU 串行工作方式不同，渲染工作通过渲染管线是由相互独立的并行处理单元完成，因此渲染的效率得到提升。使用 OpenGL ES 必须先创建渲染上下文。OpenGL ES API 使用 EGL 来定义渲染上下文。在 OpenGL ES 的渲染管线中，从顶点提取器（Vertex Puller）到帧缓存（Framebuffer），顶点着色器（Vertex Shader）是必须提供之外，其他着色器均是可选的。顶点着色器定义了整个管线的输入数据。经过顶点着色器处理后就可以进入 Tessellation 的曲面细分阶段。

　　Tessellation 曲面细分由细分控制着色器（Tessellation Control Shader，TCS）、细分图元生成器（Tessellation Primitive Generator，TPG）、细分求值着色器（Tessellation Evaluation Shader，TES）三个部分组成。

　　（1）细分控制着色器（Tessellation Control Shader，TCS）。TCS 是一个可编程管线，是一个可选项。主要对顶点进行操作并计算细分水平值（Tessellation Level）和生成 TPG 使用的数据。与 Subdivision 中的面片不同，在 Tessellation 中，当使用曲面细分的时候，不再向 IA 阶段（Input Assembler Stage，输入装配阶段，从显存读取几何数据用来组合几何图元）提交三角面，而是提交包含数个控制点的 Patch。处理的 Patch 是一个顶点序列，该顶点序列是生成细分曲面的基础顶点，如 Isoline，我们提交线段的两端作为控制点传给 GPU，以这两个控制点为基础来对线段进行变形。三角形可以认为是有三个控制点的 Patch，所以我们依然可以提交常规的三角面网格。四边形（四个控制点）也可以被提交，不过在曲面细分阶段这些 Patch 会被细分成三角面。还可以在一个 Patch 中添加更多的控制点。例如，我们可以用多个控制点来调整 Bézier 曲线或者 Bézier 曲面。控制点越多，自由度越高。

　　确定细分的级别就是需要说明生成多少个细分曲面，这个要定义两个量：Innersize 和 Outsize。并对 Patch 做一些调整操作，设置每个 Patch 的序列长度，这些量将在下一个过程使用。对每个 Patch 由 TCSs 处理后输出的 Patch，对其每个输出顶点启动一个 TCS，该 TCS 可以访问其所在的输入 Patch 的全部顶点数据及 Patch 的属性，即一个输入 Patch 被一组 TCSs 处理 得到一个输出 Patch，组内 TCSs 的个数等于输出 Patch 的顶点数，TCS 必须 且只能输出一个顶点，并且可以修改其所在输出 Patch 的属性。

（2）细分图元生成器（Tessellation Primitive Generator，TPG）。这是一 个固定管线，它负责进行曲面细分，利用 TCS 得到的 Patch 以及 Innersize、 Outsize 以及 Space 策略细分曲面，对粗糙的三角形网格进行了曲面细分 后，生成更多的三角形顶点。根据细分水平值对每个 Patch 在抽象图元 （Abstract Patch）进行细分，并给出生成顶点相对抽象图元顶点的相对坐 标（gl_TessCoord，包含抽象图元的顶点，其相对坐标某个元素为 1 其余 为 0）。

（3）细分求值着色器（Tessellation Evaluation Shader，TES）。细分求值 着色器是一个编程管线。TES 将根据 TPG 得到每个细分产生的顶点的绝对 坐标，生成顶点真实的坐标。对 TPG 生成的每个相对坐标，OpenGL 启动一 个 TES，TES 可以访问其所在输入 Patch 的全部顶点数据及 Patch 的属性 （TCS 的输出），即 TCS 输出的 Patch 外加相对坐标被一组 TESs 处理得到一 些输出顶点，组内 TESs 的个数等于输出顶点数，TES 必须且只能输出一个 顶点。TES 一般用相对坐标从输入 PATCH 的所有顶点计算输出顶点的齐次 坐标（如根据 Bézier 曲面方程计算）。经过 Tessellation 输出的顶点随后被组 装为图元传给 GS（Geometry Shader）进行进一步的计算，如增加顶点、修 改顶点位置，计算顶点属性。经过 GS 处理后可进入 Transform FeedBack （TF）阶段，也可以直接传给 Rasterization 进行片元着色。最后进入输出合 并阶段，完成整个渲染管线。

Subdivision 和 Tessellation 都是通过增加多边形来改善显示质量，Subdivision 更倾向于生成光滑的曲面，而 Tessellation 是希望增加显示细节，快速 提升三维模型的显示效果。由于产生多边形是自动的，经过细分后产生的 平滑效果也是自动的，对于研究人员来说，如何平衡平滑效果和细节特征 是值得研究的问题。

2.4 本章小结

本章主要介绍了细分方法的基础，包括网格的定义、网格的表示以及数据结构，以及细分算法表示等。三维网格是用于描述细分曲面的基础拓扑结构，细分算法是对任意拓扑结构的控制网格构建光滑曲面。本章对细分算法相关概念进行了一般性的归纳和总结，为下一章讨论不同的细分方法分析打下基础。

3 细分方法分类及常用细分方法

常用的细分方法有很多，包括基于单变量的曲线细分，基于三维网格的曲面细分以及基于几何体的细分。本章主要讨论细分曲面造型方法，对于任意拓扑结构的初始控制网格，可通过不同的细分规则产生不同的细分极限曲面。本章将介绍几种经典的细分方法，并根据拓扑规则和分裂规则对这些细分方法进行分类和比较，并讨论细分方法的分析方法。

3.1 常用的细分方法

本节中主要介绍 Doo-Sabin 细分、Catmull-Clark 细分、Loop 细分、Butterfly 细分、$\sqrt{3}$ 细分方法和 4-8 细分。这些细分方法都具有一定的代表性。研究学者在这些细分的基础上不断进行改进，并用于不同的应用场景。

3.1.1 Doo-Sabin 细分方法

在介绍 Doo-Sabin 细分方法之前，先来看一下 Chaikin 割角法。1974年，Chaikin 首次提出了在多边形中插入新的顶点，生成不断细化曲线的思想。Riesenfeld 和 Foerrst 证明了 Chaikin 割角法生成的细分曲线的极限就是均匀二次 B 样条。其主要计算过程如下：

（1）拓扑规则：Chaikin 算法的拓扑规则源于割角（Corner Cutting）的思想，即在每个旧顶点的两相邻边各插入一个新顶点，连接这两个新顶点产生新的边，并丢弃掉原来的旧顶点，从而形成新的多边形。

如图 3-1 所示，给定初始控制多边形的顶点集合 $\{v_i, i = 1, 2, \cdots,$

n}。在 v_{i-1} 和 v_i 中插入新的顶点 v'_{2i-1}，在 v_i 和 v_{i+1} 中插入新的顶点 v'_{2i}，连接所有 v'_i，其中（$i=1, 2, \cdots, n$）得到新的控制多边形。此过程可以看作一个割角的过程。每进行一次插入新点的操作，控制顶点个数从 n 增加到 $2n$，即每次细分后的多边形顶点数成倍增长。

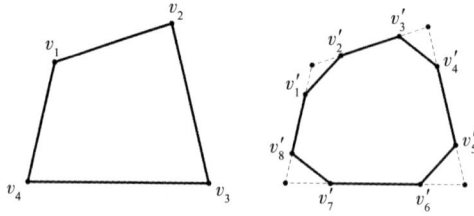

图 3-1　Chaikin 割角法的拓扑规则

（2）几何规则：Chaikin 细分算法中所有新顶点是通过对相邻旧顶点线性加权平均计算得出。如图 3-2 所示，新顶点的计算规则如式（3-1）所示。

图 3-2　Chaikin 割角法的几何规则

$$\begin{cases} v'_{2i-1} = \dfrac{1}{4}v_{i-1} + \dfrac{3}{4}v_i \\[2mm] v'_{2i} = \dfrac{3}{4}v_i + \dfrac{1}{4}v_{i+1} \end{cases} \tag{3-1}$$

图 3-3 是采用 Chaikin 割角法生成的细分曲线。不难看出其细分的过程实际上就是不断将新的顶点增加到初始控制网格中，以不断修正初始控制网格，使控制网格越来越光滑。

Doo 和 Sabin 将 Chaikin 割角法的思想推广到曲面，即利用张量积的形式得到割角产生的细分曲面，其极限曲面为双二次 B 样条。但双二次 B 样条曲面的细分规则限制条件过多，它要求控制网格必须是规则四边形网格，即所有网格顶点的价均为 4 才能够进行细分。因此，Doo 和 Sabin 将双二次 B 样条曲面的细分规则推广到任意拓扑结构的网格，进一步提出了 Doo-Sabin 细分方法。

（a）初始多边形　　（b）第一次细分　　（c）第二次细分　　（d）第三次细分

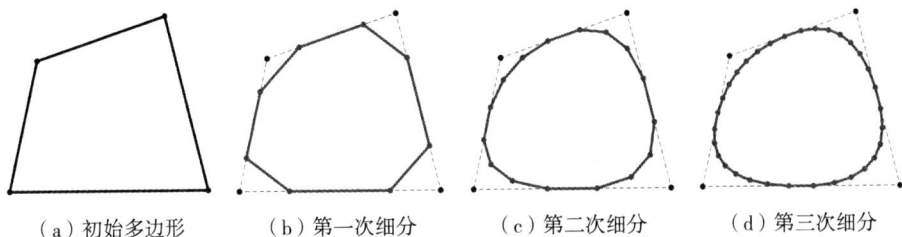

图 3-3　Chaikin 细分曲线实例

Doo-Sabin 细分方法的细分规则简单，能在任意拓扑结构的控制网格上生成光滑的极限曲面。细分曲面不通过初始控制顶点，是逼近型细分方法。采用顶点分裂的方式，只生成 F-顶点。

给定初始控制网格 M^k，其控制顶点为 V_i^k（其中 $i = 0$，1，2，$\cdots$，n），按照 Doo-Sabin 细分方法由顶点 V_i^k 得到新的顶点 V_i^{k+1} 的几何细分规则如下：

$$V_i^{k+1} = \sum_{i=0}^{n-1} \omega_i V_i^k \tag{3-2}$$

其中：

$$\omega_i = \begin{cases} \dfrac{1}{4n}(n+5), & i = 0 \\ \dfrac{1}{4n}\left(3 + \cos\dfrac{2i\pi}{n}\right), & i \neq 0 \end{cases}$$

Doo-Sabin 细分方法的拓扑规则如下：

（1）对初始控制网格的每个顶点按照式（3-2）生成新的顶点。其中，旧网格中的顶点被分裂成 n 个新的顶点，n 由旧顶点的相邻面个数所决定。

（2）依次连接控制网格 M^k 中各旧顶点对应生成的新顶点生成 V 面。

（3）依次连接控制网格 M^k 的每个面中各旧顶点对应生成的新顶点，得到新的 F 面。

（4）依次连接控制网格的每条旧边的两个顶点在相邻面中对应生成新顶点，得到新的 E 面。

对于边界点和边界边的细分规则，可以采用两种方式：第一种是在细分过程中并对于边界点和边界边不产生新的面。在这种情形下不难看出，当 $n = 4$ 时，Doo-Sabin 细分方法的极限曲面是双二次 B 样条曲面。第二种是对于边界上每条边的两个顶点分别产生一个新的顶点，每条边细分生成的极限曲线为二次样条曲线，即以顶点 V_i^k、V_j^k 为端点的边界边产生新顶点的计算规则为：

$$\begin{cases} V_i^{k+1} = \dfrac{1}{4}(3V_i^k + V_j^k) \\ V_j^{k+1} = \dfrac{1}{4}(V_i^k + 3V_j^k) \end{cases} \tag{3-3}$$

如图 3-4 所示，初始控制网格经过多次 Doo-Sabin 细分方法生成了极限细分曲面。由于 Doo-Sabin 细分方法也类似于割角法，因此其生成的细分极限曲面位于初始控制网格的闭包内。

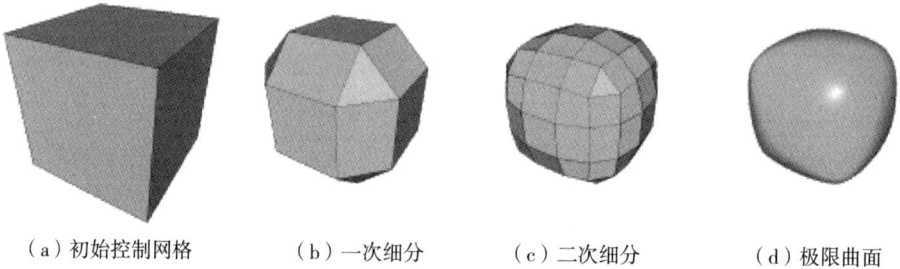

（a）初始控制网格　　　（b）一次细分　　　（c）二次细分　　　（d）极限曲面

图 3-4　Doo-Sabin 细分曲面实例

任意拓扑结构的网格经过细分后，除奇异点外，细分曲面达到 G^1 连续。Sederberg 等（1998）提出的 NURSS 曲面，即非均匀有理 Doo-Sabin 细分曲面，是对 Doo-Sabin 曲面的推广，用于构造具有特征的 Doo-Sabin 细分曲面。

3.1.2　Catmull-Clark 细分方法

Catmull-Clark 细分方法是由 Catmull 和 Clark 提出的，是双三次均匀 B 样条曲面的推广形式，具有 B 样条曲面的优点，并且可用于任意结构的控制网格生成光滑的曲面，可以说算是最早的细分曲面模式。Catmull-Clark 细分的极限曲面在规则点处可达到 C^2 连续，在奇异点处可达到 C^1 连续。在计算机图形学领域，Catmull-Clark 细分方法使用较为广泛，并且在 Catmull-Clark 细分方法的基础上开展了很多基于四边形网格的细分算法的研究工作。

Catmull-Clark 细分是基于四边形网格并且采用 1-4 分裂规则生成新网格的拓扑。Catmull-Clark 细分方法采用面分裂的方式，其拓扑规则如图 3-5 所示。任意控制网格经过 Catmull-Clark 细分方法都变成了四边形网格结构。

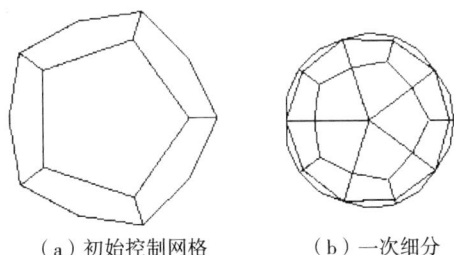

（a）初始控制网格   （b）一次细分

图 3-5 Catmull-Clark 细分的拓扑规则

Catmull-Clark 细分方法的拓扑规则为：

（1）每个面生成一个新的顶点称为 F-顶点；每条边生成新的顶点称为 E-顶点；每个顶点生成新的顶点称为 V-顶点。

（2）对于控制网格中的每个面，依次连接生成的 F-顶点和 E-顶点。

（3）对于控制网格中的每条边，依次连接该边两个端点生成的 V-顶点和对应 E-顶点。

图 3-5（a）为初始控制网格，经过一次细分后，每个顶点生成一个新的顶点，每个面都生成一个新的面点，每条边都生成一个新的边点，通过连接每个新的面点与相邻的新边点，连接每个新顶点和相邻新边点，从而所有的面被分割成了四边形细分曲面，如图 3-5（b）所示。

Catmull-Clark 细分方法几何规则如下：

（1）新的面点 F-顶点。给定控制网格的面的顶点为 v_i（其中 $i = 1$，2，$\cdots$，n），则该面生成的新的 F-顶点为：

$$v_F = \frac{1}{n} \sum_{i=1}^{n} v_i \qquad (3-4)$$

（2）新的边点 E-顶点。给定控制网格的内部边的两顶点 v_0、v_1，与该边相邻的两个面的 F-顶点分别为 f_1、f_2，则该内部边生成的新的边点 v_E 为：

$$v_E = \frac{1}{4}(v_0 + v_1 + f_1 + f_2) \qquad (3-5)$$

（3）新的顶点 V-顶点。给定控制网格的内部顶点 v 的 1-邻域顶点为 v_i

（其中 $i = 1$，2，$\cdots$，$2n$），其中奇数下标的顶点是与顶点 v 共边的顶点，偶数下标的顶点为与顶点 v 共面的顶点。则生成的新顶点 v_V 为：

$$v_V = \alpha_n v + \frac{\beta_n}{n} \sum_{i=1}^{n} v_{2i-1} + \frac{\gamma_n}{n} \sum_{i=1}^{n} v_{2i} \tag{3-6}$$

其中，$\alpha_n = 1 - (\beta_n + \gamma_n)$，$\beta_n = 3/2n$，$\gamma_n = 1/4n$。

根据上述几何规则，Catmull-Clark 细分计算 F-顶点、E-顶点以及 V-顶点的细分模板如图 3-6 所示。

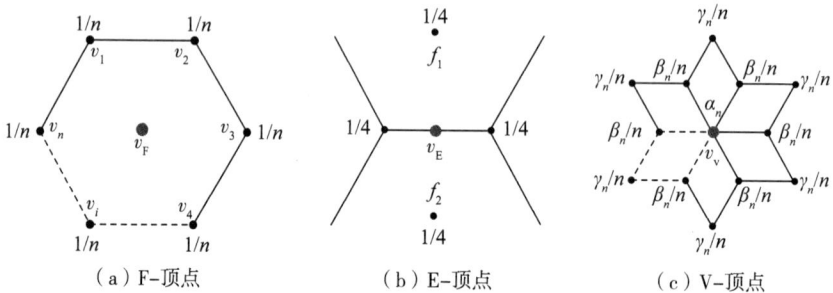

图 3-6　Catmull-Clark 细分模板

对于边界分别生成边界顶点 v_V 和边界边点 v_E，如图 3-7 所示。

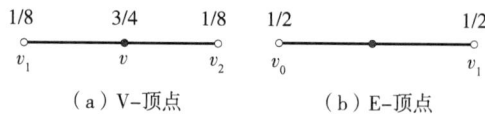

图 3-7　边界点的 Catmull-Clark 细分模板

（1）边界顶点 v_V：由边界点 v 和与 v 相邻的两个边界顶点 v_1、v_2 加权平均计算得到：

$$v_V = \frac{1}{8}(6v + v_1 + v_2) \tag{3-7}$$

（2）边界边点 v_E：在求解边界边点 v_E 时，包含两种情形：一种情形是当边界边的两个顶点 v_0 和与 v_1 均为正则边界点或者奇异边界点时，新生成的边点 v_E 为：

$$v_E = (v_0 + v_1)/2 \tag{3-8}$$

另一种情形是当边界边的两个顶点 v_1 和与 v_2 中有且仅有一个顶点为边界

奇异点时，则新生成的边点 v_E 为 $v_E = (5v_0 + 3v_1)/8$。

如图 3-8 所示，是通过 Catmull-Clark 细分方法生成的细分曲面。如果初始控制网格为规则网格（非边界顶点的价都为 4）时，Catmull-Clark 算法生成的是双三次 B 样条曲面。如果图 3-6（c）中用来计算 V-顶点的参数权值 α 和 β 满足 $n = 4$ 时 $\beta_n = 3/8$，$\gamma_n = 1/16$，那么当初始控制网格为规则网格时，Catmull-Clark 算法总生成三次 B 样条曲面。Peters 和 Reif（1998）证明了 β_n 和 γ_n 满足式（3-9）时极限曲面是光滑的：

$$2 \mid 4\alpha_n - 1 \pm \sqrt{(4\alpha_n - 1)^2 + 8\beta_n - 4} \mid < \cos\frac{2\pi}{n} + 5 + \sqrt{\left(\cos\frac{2\pi}{n} + 9\right)\left(\cos\frac{2\pi}{n} + 1\right)} \tag{3-9}$$

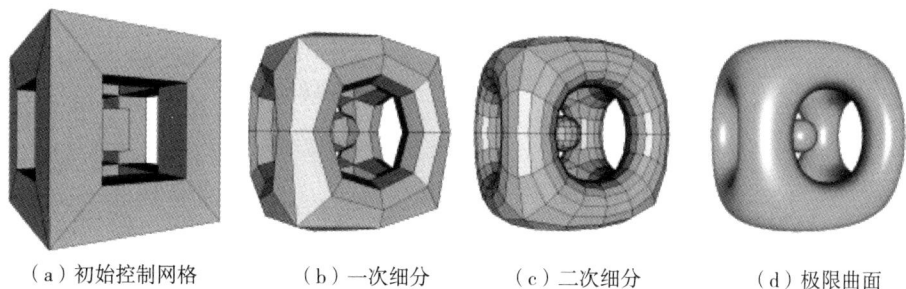

（a）初始控制网格　　　（b）一次细分　　　（c）二次细分　　　（d）极限曲面

图 3-8　Catmull-Clark 细分曲面实例

3.1.3　Loop 细分方法

前文介绍的 Doo-Sabin 细分方法和 Catmull-Clark 细分方法主要适用于四边形网格，是由张量积的 B 样条曲面推广而来，而 Loop 细分是由 Loop 提出的，是二次三角形 Box 样条的推广形式。Loop 细分是一种基于三角形网格的细分方法。Loop 细分的极限曲面在规则点处可达到 C^2 连续，在奇异点处可达到 C^1 连续。它按照 1-4 三角形分裂，每条边计算生成一个新的顶点，同时每个原始顶点更新位置。

Loop 细分对于新增加的顶点位置以及原始顶点位置更新的拓扑规则为：

（1）给定控制网格 M^k，每条旧边生成一个新的顶点，称为 E-顶点；每个顶点生成对应的新顶点，称为 V-顶点。

（2）依次连接控制网格 M^k 中每个三角形面片的三个新的 E-顶点。

（3）依次连接控制网格 M^k 中新的 V-顶点和对应的新的 E-顶点。

如图 3-9（a）是初始控制网格，其中包含 5 个初始控制顶点。图 3-9（b）中是经过一次 Loop 细分后的网格，可以看出每个三角形面片分裂成了四个三角形。Loop 细分就是将初始网格不断更新顶点的位置，并对三角面片一分为四的过程。

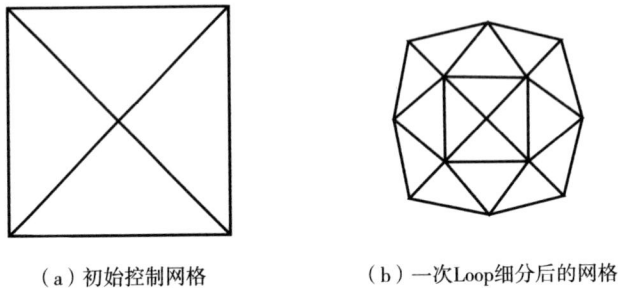

（a）初始控制网格   （b）一次Loop细分后的网格

图 3-9 Loop 细分方法的拓扑规则

Loop 细分方法的几何规则如下：

（1）新的边点 E-顶点。给定控制网格的内部边的两顶点 v_0、v_1，与该边相邻的两个面的顶点分别为 v_2、v_3，则该内部边生成的新的边点 v_E 为：

$$v_E = \frac{3}{8}(v_0 + v_1) + \frac{1}{8}(v_2 + v_3) \qquad (3-10)$$

（2）新的顶点 V-顶点。给定控制网格的内部顶点 v 的 1-邻域顶点为 v_i（其中 $i = 1, 2, \cdots, n$），则生成的新顶点 v_V 为：

$$v_V = (1 - n\beta_n)v + \beta_n \sum_{i=1}^{n} v_i \qquad (3-11)$$

其中，$\beta_n = \frac{1}{n}\left[\frac{5}{8} - \left(\frac{3}{8} + \frac{1}{4}\cos\frac{2\pi}{n} \right)^2 \right]$，或者 $\beta_n = \begin{cases} \dfrac{3}{16}, & n = 3 \\ \dfrac{3}{8n}, & n > 3 \end{cases}$

Loop 细分的初始控制网格是三角形网格，顶点的价可以是任意的。Loop 细分模板如图 3-10 所示。

对于边界分别生成边界顶点 v_V 和边界边点 v_E，细分模板如图 3-11 所示。

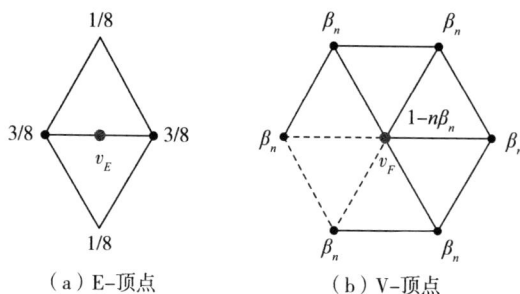

（a）E-顶点　　　　　　（b）V-顶点

图 3-10　Loop 细分模板

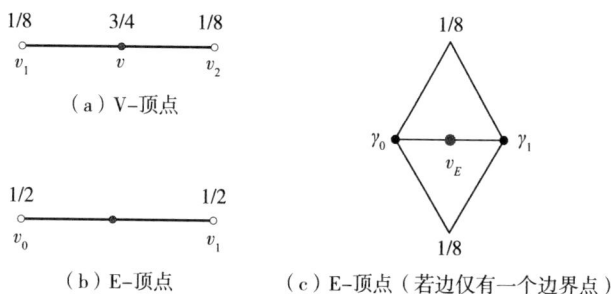

（a）V-顶点

（b）E-顶点　　　　　　（c）E-顶点（若边仅有一个边界点）

图 3-11　边界点的 Loop 细分模板

（1）边界顶点 v_V。由边界点 v 和与 v 相邻两个边界顶点 v_1、v_2 加权平均计算得到：

$$v_V = \frac{1}{8}(6v + v_1 + v_2) \tag{3-12}$$

（2）边界边点 v_E。在求解边界边点 v_E 时，包含两种情形：一种情形是当边界边的两个顶点 v_0 和 v_1 均为正则边界点或奇异边界点时，新生成的边界边点为：

$$v_E = (v_0 + v_1)/2 \tag{3-13}$$

另一种情形是当边界边的两个顶点 v_0 和与 v_1 中有且仅有一个顶点为边界奇异点时，假设 v_1 为边界点，则新生成的边界边点 v_E 为：

$$v_E = \gamma_0 v_0 + \gamma_1 v_1 + \frac{1}{8}(v_2 + v_3) \tag{3-14}$$

其中，$\gamma_0 = \dfrac{1}{2}$，$\gamma_1 = \dfrac{1}{4}$；或者 $\gamma_0 = \dfrac{1}{4} + \dfrac{1}{4}\cos\dfrac{2\pi}{n-1}$，$\gamma_1 = \dfrac{1}{2} - \dfrac{1}{4}$

$\cos \dfrac{2\pi}{n-1}$。

图 3-12 是通过 Loop 细分得到的细分曲面。选用和图 3-8 相同的初始控制网格，首先进行了三角化，其次利用 Loop 细分生成细分曲面，可以看出 Loop 细分和 Catmull-Clark 细分生成的曲面光滑程度较高，但曲面的形状不同。

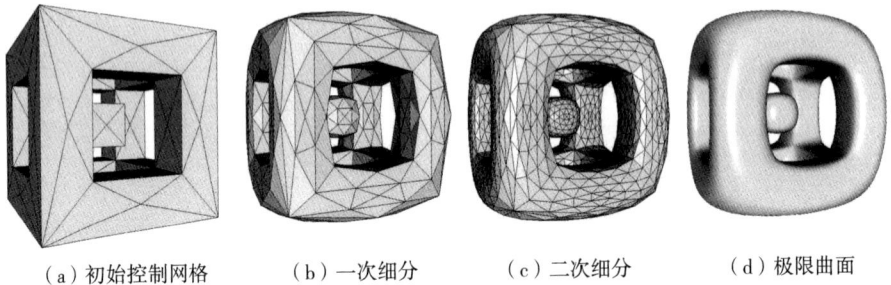

（a）初始控制网格　　　（b）一次细分　　　（c）二次细分　　　（d）极限曲面

图 3-12　Loop 细分曲面实例

Loop 细分方法是由 Box 样条导出，因此在规则网格顶点处，其极限曲面可达到 C^2 连续。在奇异点处如果 β_n 满足：

$$\frac{1}{4}(1 - \cos\frac{2\pi}{n}) < n\beta_n < 1 + \frac{1}{4}\cos\frac{2\pi}{n} \qquad (3-15)$$

Loop 曲面是一阶光滑的（Umlauf，2000）。Prautzsch（1998）通过修改内部 E-顶点的模板获得 G^2 连续曲面。

3.1.4　Butterfly 细分方法

蝶形细分方法（Butterfly Subdivision）是由 Dyn 等（1990）提出的。因其计算新顶点的细分模板与蝴蝶形状相似而得名。蝶形模式是基于三角网格的细分方法，采用的是 1-4 分裂方式。它的结构与 Loop 细分类似，但是 Butterfly 细分方法是插值模式，每次细分都保留旧顶点，对每条边生成新的 E-顶点。由于其插值的特性，Butterfly 细分方法生成的曲面在奇异顶点处只达到 C^0 连续。下面介绍的是改进的 Butterfly 细分算法，对任意网格点达到 C^1 连续。

在 Butterfly 细分算法中，对于新增加的顶点位置以及原始顶点位置更新的拓扑规则，如图 3-13 所示：

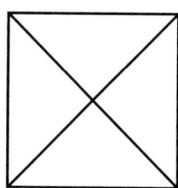

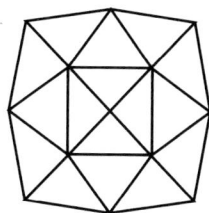

（a）初始控制网格   （b）一次Butterfly细分后的网格

图 3-13 Butterfly 细分方法的拓扑规则

（1）给定控制网格 M^k，每条旧边生成一个新的顶点，称为 E-顶点；初始控制顶点位置不变。

（2）依次连接控制网格 M^k 中每个三角形面片的三个新的 E-顶点。

（3）依次连接控制网格 M^k 中包含的原有控制网格顶点和新的 E-顶点。

Butterfly 细分方法几何规则如下：

E-顶点有三类：第一类是内部边且两个端点的价均为 6，第二类是内部边且至少有一个端点价不等于 6，第三类是边界边的 E 顶点，细分模板如图 3-14 所示。边界 E-顶点使用 Dyn 等（1990）的 4 点插值格式。

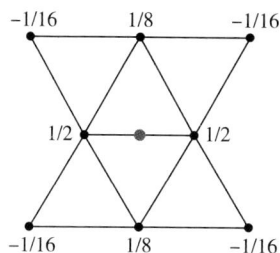

（a）规则点的细分模板   （b）奇异点的细分模板   （c）边界点的细分模板

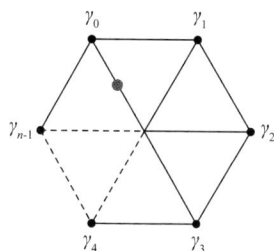

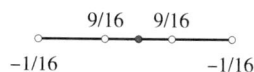

图 3-14 改进的 Butterfly 细分模板

对于第二类 E-顶点，设其对应边的一个顶点的价为 n，则该 E-顶点的权重取值分为三种情况：

（1）如果 $n \geq 5$，$\gamma_i = \dfrac{1}{n}\left(\dfrac{1}{4} + \cos\dfrac{2i\pi}{n} + \dfrac{1}{2}\cos\dfrac{4i\pi}{n} \right)$。

（2）如果 $n = 4$，$\gamma_0 = \dfrac{3}{8}$，$\gamma_2 = -\dfrac{1}{8}$，$\gamma_1 = \gamma_3 = 0$。

（3）如果 $n = 3$，$\gamma_0 = \dfrac{3}{8}$，$\gamma_1 = \gamma_2 = -\dfrac{1}{12}$。

图 3-15 是通过 Butterfly 细分得到的细分曲面。Butterfly 细分方法是基于三角网格的细分方法，对于其他拓扑结构的网格需要先进行三角化后再进行细分。

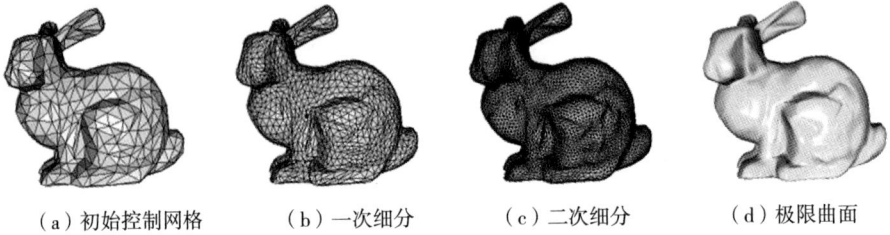

（a）初始控制网格　　（b）一次细分　　（c）二次细分　　（d）极限曲面

图 3-15　Butterfly 细分曲面实例

由于该模式在奇异顶点处生成的曲面在奇异顶点处只达到 C^0 连续，为提高连续性人们提出了许多改进版本。

3.1.5　$\sqrt{3}$ 细分方法

Loop 细分和 Butterfly 细分采用的是 1-4 分裂方式，每次细分使多边形面片数增加 4 倍。Kobbelt 提出一种 $\sqrt{3}$ 细分方法来控制每次细分的面片增长速度。

$\sqrt{3}$ 细分方法对于新增加的顶点位置以及原始顶点位置更新的拓扑规则为：

（1）给定控制网格 M^k，每个三角面片生成一个新的顶点，称为 F-顶点；每个顶点生成对应的新顶点，称为 V-顶点。

（2）依次连接控制网格 M^k 中每个三角形面片中新生成的 F-顶点和 V-顶点。

（3）删除旧的三角形的内部三条边，并连接相邻的 F-顶点。

从图 3-16 中可以看出，$\sqrt{3}$ 细分是 1-3 分裂，即每次细分后三角形面片数增加 3 倍。

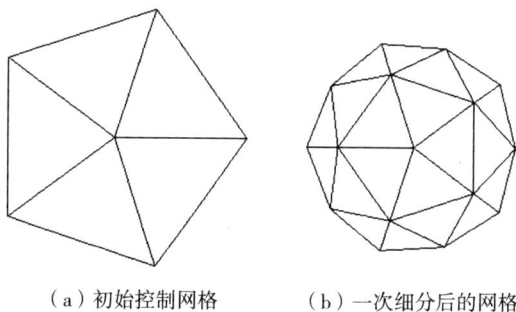

（a）初始控制网格　　　　（b）一次细分后的网格

图 3-16　$\sqrt{3}$ 细分的拓扑规则

$\sqrt{3}$ 细分方法的几何规则如下：

（1）新的面点 F-顶点。给定控制网格中的三角形面片的三个顶点为 v_0、v_1、v_2，则在三角面片中插入的新面点 v_F 为：

$$v_F = \frac{1}{3}(v_0 + v_1 + v_2) \tag{3-16}$$

（2）新的顶点 V-顶点。给定控制网格的内部顶点 v 的 1-邻域顶点为 v_i（其中 $i = 1, 2, \cdots, n$），则生成的新顶点 v_V 为：

$$v_V = (1 - \alpha_n) v + \frac{\alpha_n}{n} \sum_{i=1}^{n} v_i \tag{3-17}$$

其中，$\alpha_n = [4 - 2\cos(2\pi/n)]/9$。

根据上述几何规则，$\sqrt{3}$ 细分方法计算 F-顶点、V-顶点的细分模板如图 3-17 所示。

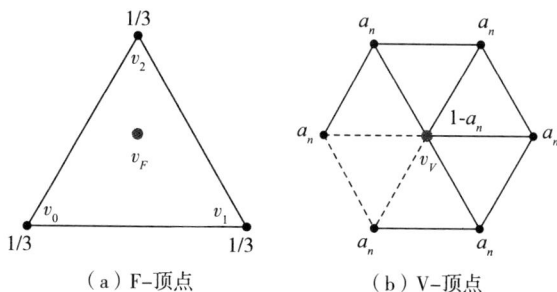

（a）F-顶点　　　　　　（b）V-顶点

图 3-17　$\sqrt{3}$ 细分模板

对于边界分别生成边界顶点的计算规则是采用三次 B 样条曲线，如图 3-18 所示，v'_{3i-1}、v'_{3i}、v'_{3i+1} 的计算公式如下：

$$v'_{3i-1} = \frac{1}{27}(10v_{i-1} + 16v_i + v_{i+1})$$

$$v'_{3i} = \frac{1}{27}(4v_{i-1} + 19v_i + 4v_{i+1})$$ (3-18)

$$v'_{3i+1} = \frac{1}{27}(v_{i-1} + 16v_i + 10v_{i+1})$$

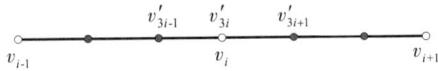

图 3-18 边界点的 $\sqrt{3}$ 细分模板

图 3-19 是通过 $\sqrt{3}$ 细分方法得到的细分曲面，它的极限曲面在规则点处达到 C^2 连续，在奇异点处可达到 C^1 连续。对比 Buttferfly 细分曲面，由于 $\sqrt{3}$ 细分方法是逼近型细分，因此生成的极限曲面更加光顺。

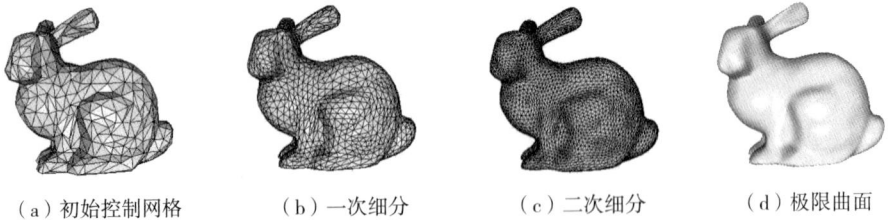

（a）初始控制网格　　　（b）一次细分　　　（c）二次细分　　　（d）极限曲面

图 3-19 $\sqrt{3}$ 细分曲面实例

Labisk 和 Greiner（2000）在 Kobbelt 的 $\sqrt{3}$ 模式的基础上提出一种插值型 $\sqrt{3}$ 模式。其拓扑规则与 $\sqrt{3}$ 细分方法一致，以三角网格为初始控制网格，每次细分时，初始控制网格中的顶点位置不变，在每个三角面片中插入新的面点 F-顶点。新的 F-顶点与所在三角形的三个顶点相连，并删除旧三角形的内部边。几何规则与 Butterfly 细分类似，在网格的每个三角形 $\triangle(v_1, v_2, v_3)$ 上插入一个新的 F-顶点 v_F，通过对该顶点所在三角形面片的 1-邻域的所有顶点集合的加权平均所得，如图 3-20 所示。新点的位置由以下公式得到：

$$v_F = \frac{32}{81}(v_1 + v_2 + v_3) - \frac{1}{81}(v_4 + v_5 + v_6) - \frac{2}{81}(v_7 + v_8 + v_9 + v_{10} + v_{11} + v_{12})$$

$$(3-19)$$

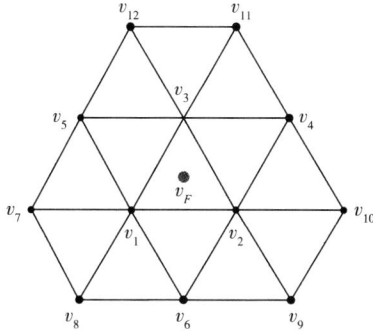

图 3-20　插值$\sqrt{3}$细分模板

由于在非规则网格处的细分公式无法被显式写出，可通过分析细分矩阵的特征向量满足某种条件来求得。

3.1.6　4-8 细分方法

4-8 细分方法来源于四次四向 Box 样条。Velho 和 Zorin（2000）指出，4-8 模式是用于四边形网格的细分方法。当用于处理四边形网格的时候，4-8 细分与$\sqrt{3}$细分的方法相类似，因而可以看成是$\sqrt{3}$细分的四边形网格的处理方法，称为$\sqrt{2}$细分。

每次细分时，对每个四边面插入一个新顶点，新顶点与四边形的四个顶点相连，最后去掉原四角形的内部边，如图 3-21 所示。4-8 细分方法对于新增加的顶点位置以及原始顶点位置更新的拓扑规则为：

（1）给定控制网格 M^k，每个四边面片生成一个新的顶点，称为 F-顶点；每个顶点生成对应的新顶点，称为 V-顶点。

（2）依次连接控制网格 M^k 中每个四边面片中新生成的 F-顶点和 V-顶点。

（3）删除旧的四边形顶点和边。

4-8 细分方法的几何规则如下：

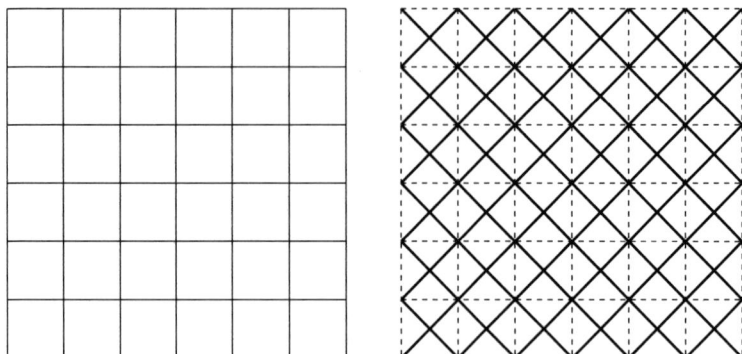

图 3-21　4-8 细分方法的拓扑规则

（1）新的面点 F-顶点。给定控制网格中的四边形面片的四个顶点为 v_0、v_1、v_2、v_3，则新插入的新面点 v_F 为：

$$v_F = \frac{1}{4}(v_0 + v_1 + v_2 + v_3) \qquad (3-20)$$

（2）新的顶点 V-顶点。给定控制网格的内部顶点 v 的 1-邻域顶点为 v_i（其中 $i=1$，2，$\cdots$，n），则生成的新顶点 v_V 为：

$$v_V = \frac{1}{2}v + \frac{1}{2n}\sum_{i=1}^{n} v_i \sin^{-1}\theta \qquad (3-21)$$

根据上述几何规则，4-8 细分方法计算 F-顶点、V-顶点的细分模板如图 3-22 所示。

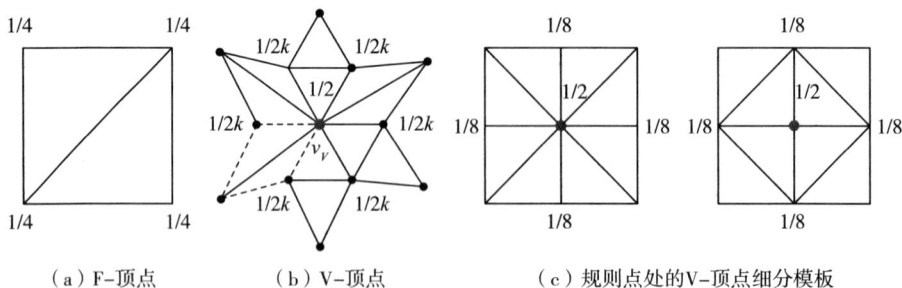

（a）F-顶点　　　（b）V-顶点　　　（c）规则点处的V-顶点细分模板

图 3-22　4-8 细分模板

4-8 细分方法可以提供更多的分辨率层，因为其网格面每次只增长 1 倍，而且正则情形下达到四阶光滑，奇异点处也能达到一阶光滑。

3.2 细分方法分类与比较

3.2.1 细分方法的分类

细分方法的规则通常包括两个部分：①拓扑规则，即网格分裂方式，用来描述生成的新顶点之间的连接关系规则；②几何规则，计算所有顶点新位置的规则。对于细分方法的分类可以根据拓扑规则和几何规则分别进行分类。

根据几何规则的不同，细分方法可分为：

（1）逼近型细分（Approximating Subdivision）和插值型细分（Interpolating Subdivision）。如果细分方法的极限曲面不通过初始控制网格，则被称为逼近型细分方法。如果生成细分曲面通过初始控制网格顶点，则被称为插值型细分方法。例如，Loop 细分和 Butterfly 细分都是基于三角网格的细分方法，前者是逼近型细分，后者是插值型细分。从上面介绍的几种细分方法可以看出逼近细分方法的模板往往比插值细分的模板要小，同时极限曲面的连续性也更高。Catmull-Clark 细分和 Loop 细分都是典型的逼近型细分，它们的极限曲面可达到 C^2 连续。通常来说，逼近型细分方法生成的细分曲面比插值型细分方法生成的细分曲面的光滑性更高。但是插值型细分曲面的应用更为广泛，细分曲面的形状易于控制。

（2）均匀细分方法（Uniform Subdivision）和非均匀细分方法（Non-uniform Subdivision）。Catnull-Clark 细分和 Doo-Sabin 细分方法都是均匀细分方法。研究人员在此基础上，进一步研究了非均匀细分方法。NURSS 细分方法（Sederberg et al., 1998）是一种非均匀细分方法，能够将非均匀 B 样条曲面扩展到更一般的任意拓扑结构情况进行计算。

（3）静态细分（Stationary Subivision）和非静态细分（Non-stationary Subdivision）。如果细分规则在细分过程中保持不变，则称为静态细分方法。否则，成为非静态细分方法。大部分现存的细分方法为静态细分方法。如果想要生成特殊形状的细分曲面，如一个非常光滑的圆，则可以使用非静态细分方法（Zhang and Wang，2002）。

根据拓扑规则，细分方法可分为：

（1）基于细分网格的规则表示，可分为三角形、四边形、六边形和 4-8 细分等。Catnull-Clark 细分和 Doo-Sabin 细分都是基于四边形网格，Loop 细分和 Butterfly 细分都是基于三角网格的细分方法。

（2）1-4 分裂、1-3 分裂或者 1-2 分裂。这个分类方式是基于网格分裂速度的不同。例如，Loop 细分、Catnull-Clark 细分和 Doo-Sabin 细分都是 1-4 分裂方式。$\sqrt{3}$ 细分是一种 1-3 分裂方式。4-8 细分则是一种 1-2 分裂方式。

（3）基本型（Primal）细分和对偶型（Dual）细分。基本型细分是基于面分裂的细分，每次细分会产生新的边点和新的面点。对偶型细分是基于点分裂的细分。

3.2.2　细分方法的比较

对于细分方法的比较，可以从生成的细分曲面质量、细分曲面的形状控制和网格增长速度来进行对比。

（1）细分曲面的质量。根据细分方法的不同，常用的细分方法生成的极限曲面的质量各不相同。本书所说的细分曲面质量指曲面的光顺性和连续性。从整体上看，逼近细分无须通过初始控制网格顶点，因此生成的细分曲面的质量比插值型的细分方法要好。其中，Doo-Sabin 细分是基于点的对偶型分裂，因而生成的曲面质量一般。Loop 细分和 Catmull-Clark 细分生成的曲面质量较高。Loop 细分方法每次细分修正顶点和边点的位置。Catmull-Clark 细分方法则每次修正顶点、边点和面点的位置。因此，两者的细分极限曲面能达到 C^2 连续，光顺性较好。插值型细分方法，如改进的 Butterfly 细分和插值 $\sqrt{3}$ 细分方法生成的曲面由于必须通过初始控制网格的顶点，保留了初始控制网格的某些特性，如尖角特征。因而生成的曲面质量较差，且极限曲面会出现扭曲和变形。

图 3-23 给出 Loop 细分曲面和 Butterfly 细分曲面的对比效果。Loop 细分和 Butterfly 细分都是 1-4 分裂方式，Loop 细分是逼近型细分方法，Butterfly 细分是插值型细分方法。不难发现，Butterfly 细分曲面的光顺性比 Loop 细

分曲面的光顺性差，这是由于满足插值条件所引起的。

（a）初始控制网格　　　　（b）Loop细分曲面　　　　（c）Buttferfly细分曲面

图3-23　Loop 细分曲面和 Buttferfly 细分曲面对比

（2）细分曲面的形状控制。Doo-Sabin 细分、Loop 细分和 Catmull-Clark 细分等逼近型细分方法生成的细分曲面都在初始控制网格的凸包内，因此相对于初始控制网格具有"收缩"的特点。Doo-Sabin 细分类似于割角法，因此其收缩程度相对于其他逼近性细分较低，生成的细分曲面的光滑性不高。改进的 Butterfly 细分和插值 $\sqrt{3}$ 细分由于要保留初始控制网格的顶点，因此相对于初始控制网格具有"扩张"的特点。在利用细分方法进行多分辨率分解中，由于插值型细分生成的细分网络大于控制网格，而逼近型细分则相反，所以在多分辨率显示时，插值型细分会产生扩张的跳跃现象，而逼近型细分会产生收缩的跳跃现象，如图 3-24 所示，由逼近型的 Catmull-Clark 细分方法生成的极限曲面会收缩，而插值型的 Kobbelt $\sqrt{3}$ 细分方法生成的极限曲面却比初始控制网格更大。插值型细分由于保留初始网格顶点的位置不变，因而便于对细分曲面的形状进行控制。近年来，有很多研究工作是结合逼近型细分和插值型细分的特点，生成混合型细分，以生成更好质量的细分曲面。

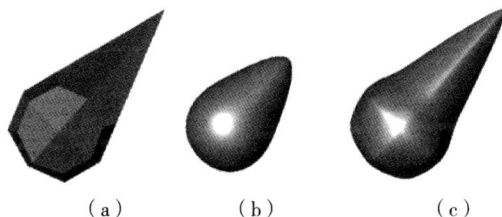

（a）　　　　（b）　　　　（c）

图3-24　细分曲面的"收缩"或"扩张"现象

注：（a）初始控制网格；（b）逼近型的 Catmull-Clark 细分方法生成的极限曲面；（c）插值型的 Kobbelt $\sqrt{3}$ 细分方法生成的极限曲面。

（3）网格增长速度。Doo-Sabin 细分方法、Catmull-Clark 细分方法、Loop 细分方法和改进的 Butterfly 细分方法是 1-4 分裂方式，每次细分后，面片的数量增长 4 倍。$\sqrt{3}$ 细分方法是 1-3 分裂方式，每次细分后，面片的数量增长 3 倍。4-8 细分方法每次细分后，面片的数量增长 2 倍。即使是以 2 倍的最慢速度增长，顶点和面片的数量也会随着细分次数的增多呈指数增长。为此，国内外学者提出了局部细分方法，该方法采用特殊规则对曲率变化明显和特征突出的区域采用逐次细分的方式，对较平坦的区域则提前终止细分，但局部细分方法在细分过程中由于对特殊区域进行计算和多次细分，因此降低了曲面的生成效率。

3.3　细分方法的分析

细分方法的分析主要是对细分方法的收敛性分析和光滑性分析。细分曲线的控制多边形拓扑结构简单，大多数细分曲线都收敛于样条曲线，因此对于细分曲线的收敛性和光滑性分析相对简单，已形成较为完善的分析框架体系。对于细分曲面，在规则点处的细分规则易于表示，因此在进行连续性分析时相对容易。细分方法的分析难点是在奇异点处的连续性分析。对于静态细分方法来说，由于细分曲面的计算规则均为线性的，因此可以将细分规则表示成细分矩阵，从而方便分析。同时，离散的 Fourier 变换可用于分析细分矩阵的特征值和特征向量。利用特征值和特征向量，使分析细分曲面与分析 B-样条曲面方法类似。

3.3.1　细分矩阵

假设初始控制网格 M^0 的顶点集合为 $V^0 = (V_0^0, V_1^0, \cdots, V_i^0, \cdots, V_n^0)$。对初始控制网格进行第 k 次细分后网格 M^k 的顶点集合为 $V^k = (V_0^k, V_1^k, \cdots, V_i^k, \cdots, V_n^k)$，在进行第 $k+1$ 次细分后网格为 M^{k+1}。M^{k+1} 中的顶点 V^{k+1} 只和 V^k 有关，与 M^{k-1} 的其他顶点无关，在细分的几何规则中计算新顶点都是对旧顶点部分子集的加权平均，即 M^{k+1} 的顶点是 M^k 顶点的线性组合，因此

存在矩阵 Q，使得：

$$\vec{V}^{k+1} = Q\,\vec{V}^k \qquad (3-22)$$

在式（3-22）中，$\vec{V}^k = [V_0^k,\ V_1^k,\ \cdots,\ V_i^k,\ \cdots,\ V_n^k]^T$。矩阵 Q 被称为细分矩阵。如果顶点集合 V^k 是控制网格 M^k 的全部顶点，则矩阵 Q 为全局细分矩阵，否则 Q 为局部细分矩阵。

首先，讨论 Chaikin 割角法的细分矩阵表示。在 Chaikin 细分算法中的所有新顶点是通过对相邻旧顶点线性加权平均计算得出的。新顶点的计算规则如式（3-23）所示：

$$\begin{cases} V'_{2i} = \dfrac{3}{4}V_i + \dfrac{1}{4}V_{i+1} \\[2mm] V'_{2i+1} = \dfrac{1}{4}V_i + \dfrac{3}{4}V_{i+1} \end{cases} \qquad (3-23)$$

因此，Chaikin 细分的全局细分矩阵可表示为：

$$\begin{bmatrix} V_0^{k+1} \\ V_1^{k+1} \\ \vdots \\ V_{2i}^{k+1} \\ V_{2i+1}^{k+1} \\ \vdots \\ V_{2n-1}^{k+1} \\ V_{2n}^{k+1} \end{bmatrix} = \frac{1}{4} \begin{bmatrix} 3 & 1 & \cdots & 0 & 0 & \cdots & 0 & 0 \\ 1 & 3 & \cdots & 0 & 0 & \cdots & 0 & 0 \\ \vdots & \vdots & & \vdots & \vdots & & \vdots & \vdots \\ 0 & 0 & \cdots & 3 & 1 & \cdots & 0 & 0 \\ 0 & 0 & \cdots & 1 & 3 & \cdots & 0 & 0 \\ \vdots & \vdots & & \vdots & \vdots & & \vdots & \vdots \\ 0 & 0 & \cdots & 0 & 0 & \cdots & 3 & 1 \\ 0 & 0 & \cdots & 0 & 0 & \cdots & 1 & 3 \end{bmatrix} \begin{bmatrix} V_0^k \\ V_1^k \\ \vdots \\ V_i^k \\ V_{i+1}^k \\ \vdots \\ V_{n-1}^k \\ V_n^k \end{bmatrix} \qquad (3-24)$$

上述矩阵的一个循环的部分是：

$$\frac{1}{4}\begin{bmatrix} 3 & 1 \\ 1 & 3 \end{bmatrix}$$

Chaikin 割角法讨论的是细分曲线的情形。通常来说，三维网格的拓扑结构复杂，很难写出细分曲面的全局细分矩阵，而且分析也是比较困难的。对于细分曲面的分析来说，关键在于研究奇异点处的局部性质。因为对于规则网格点来说，细分曲面的极限曲面分析可借鉴样条曲面的分析。因此，对于细分曲面，建立奇异点或者任意网格点的局部细分矩阵可方便对细分方法的特性进行分析。

其次，将以 Loop 细分和 Catmull-Clark 细分为例来说明建立细分曲面的局部细分矩阵。

在 Loop 细分中，控制网格 M^{k+1} 中任意顶点 V_0^{k+1} 的 1-邻域点是由 M^k 中顶点 V_0^k 的 1-邻域点计算得到的。根据 Loop 细分规则有：

$$V_0^{k+1} = (1 - n\beta_n) V_0^k + \beta_n \sum_{i=1}^{n} V_i^k \tag{3-25}$$

$$V_i^{k+1} = \frac{3}{8}(V_0^k + V_i^k) + \frac{1}{8}(V_{i-1}^k + V_{i+1}^k) \tag{3-26}$$

其中，

$$V_1^{k+1} = \frac{3}{8}(V_0^k + V_1^k) + \frac{1}{8}(V_n^k + V_2^k), \quad V_n^{k+1} = \frac{3}{8}(V_0^k + V_n^k) + \frac{1}{8}(V_{n-1}^k + V_1^k)$$

可以得到 Loop 细分的关于顶点 V_0^k 的局部细分矩阵形式：

$$
\begin{bmatrix} V_0^{k+1} \\ V_1^{k+1} \\ V_2^{k+1} \\ \vdots \\ V_{n-1}^{k+1} \\ V_n^{k+1} \end{bmatrix} = \frac{1}{8}
\begin{bmatrix}
8-8n\beta & 8\beta & 8\beta & \cdots & 8\beta & 8\beta \\
3 & 3 & 1 & \cdots & 0 & 1 \\
3 & 1 & 3 & \cdots & 0 & 0 \\
\vdots & \vdots & \vdots & \vdots & \vdots & \vdots \\
3 & 0 & 0 & \cdots & 3 & 1 \\
3 & 1 & 0 & \cdots & 1 & 3
\end{bmatrix}
\begin{bmatrix} V_0^k \\ V_1^k \\ V_2^k \\ \vdots \\ V_{n-1}^k \\ V_n^k \end{bmatrix} \tag{3-27}
$$

显然，上述矩阵不是循环矩阵。为了便于分析，把中心点看成 n 个相同顶点，即设 $V_0^k = b_1^k = \cdots = b_n^k$，用 $(b_1^k + \cdots + b_n^k)/n$ 代替 V_0^k 则有：

$$\begin{bmatrix} b_i^{k+1} \\ V_i^{k+1} \end{bmatrix} = \sum_{l=1}^{n} Q_{(i-k)\bmod n} \begin{bmatrix} b_l^k \\ V_l^k \end{bmatrix}, \ i = 1, 2, \cdots, n \tag{3-28}$$

其中：

$$Q_0 = \begin{bmatrix} \dfrac{1-n\beta}{n} & \beta \\ \dfrac{3}{8} & \dfrac{3}{8} \end{bmatrix}, \quad Q_1 = Q_{n-1} = \begin{bmatrix} \dfrac{1-n\beta}{n} & \beta \\ 0 & \dfrac{1}{8} \end{bmatrix}, \quad Q_l = \begin{bmatrix} \dfrac{1-n\beta}{n} & \beta \\ 0 & 0 \end{bmatrix} (l = $$

$2, \cdots, n-2)$

这样处理后得到的细分矩阵是由 $Q_i (i = 0, 1, \cdots, n-2)$ 组成的块状循环矩阵。

接下来我们讨论 Catmull–Clark 细分方法的细分矩阵。对于任意网格，经过一次细分后就变为四边形网格。这里我们讨论四边形网格结构的细分矩阵。同样地，Catmull–Clark 细分方法的控制网格 M^{k+1} 中顶点 V_0^{k+1} 的 1-邻域点是由 M^k 中顶点 V_0^k 的 1-邻域点计算得到的。记 M^k 中顶点 V_0^k 的价为 n，与之共边的 1-邻域点记为 e_1^k，$\cdots$，e_n^k，与之共面的 1-邻域点记为 f_1^k，$\cdots$，f_n^k。根据 Catmull–Clark 细分的计算规则可以得到，M^{k+1} 中顶点 V_0^{k+1} 的计算公式为：

$$V_0^{k+1} = \alpha_n V_0^k + \beta_n \sum_{i=1}^n e_i^k + \gamma_n \sum_{i=1}^n f_i^k \tag{3-29}$$

其中，$\alpha_n = 1 - n(\beta_n + \gamma_n)$，$\beta_n = 3/2n^2$，$\gamma_n = 1/4n^2$，而 M^{k+1} 中顶点 e_i^{k+1} 和 f_i^{k+1} 分别为：

$$e_i^{k+1} = \frac{3}{8}(V_0^k + e_i^k) + \frac{1}{16}(e_{i-1}^k + e_{i+1}^k + f_{i-1}^k + f_i^k) \tag{3-30}$$

$$f_i^{k+1} = \frac{1}{4}(V_0^k + e_i^k + e_{i+1}^k + f_i^k) \tag{3-31}$$

记 V_0^k 的 1-邻域点记为列向量 $\vec{V}_n^k = [V_0^k, e_1^k, \cdots, e_n^k, f_1^k, \cdots, f_n^k]^T$，则 $\vec{V}_n^{k+1}$ 可表示为：

$$\vec{V}_n^{k+1} = Q\,\vec{V}_n^k \tag{3-32}$$

则细分矩阵 Q 为：

$$Q = \frac{1}{16}\begin{bmatrix} 16\alpha & \dfrac{16\beta}{n} & \dfrac{16\beta}{n} & \dfrac{16\beta}{n} & \cdots & \dfrac{16\beta}{n} & \dfrac{16\gamma}{n} & \dfrac{16\gamma}{n} & \dfrac{16\gamma}{n} & \cdots & \dfrac{16\gamma}{n} \\ 6 & 6 & 1 & 0 & \cdots & 1 & 1 & 1 & 0 & \cdots & 1 \\ 6 & 1 & 6 & 1 & \cdots & 0 & 1 & 1 & 1 & \cdots & 0 \\ 6 & 0 & 1 & 6 & \cdots & 0 & 0 & 1 & 1 & \cdots & 0 \\ \vdots & \vdots & \vdots & \vdots & & \vdots & \vdots & \vdots & \vdots & & \vdots \\ 6 & 1 & 0 & 0 & \cdots & 6 & 1 & 0 & 0 & \cdots & 1 \\ 4 & 4 & 4 & 0 & \cdots & 0 & 4 & 0 & 0 & \cdots & 0 \\ 4 & 0 & 4 & 4 & \cdots & 0 & 0 & 4 & 0 & \cdots & 0 \\ 4 & 0 & 0 & 4 & \cdots & 0 & 0 & 0 & 4 & \cdots & 0 \\ \vdots & \vdots & \vdots & \vdots & & \vdots & \vdots & \vdots & \vdots & & \vdots \\ 4 & 4 & 0 & 0 & \cdots & 4 & 0 & 0 & 0 & \cdots & 4 \end{bmatrix}$$

从上述 Loop 细分和 Catmull-Clark 细分的细分矩阵可以看出，两种都与细分次数 k 无关，都是静态的细分方法。同时，细分矩阵的大小只和顶点的价 n 有关系。均匀细分模式，即顶点的价相同时细分矩阵也相同。Loop 细分和 Catmull-Clark 细分都是均匀细分模式。然而非均匀细分模式的细分，如 NURSS 细分方法，矩阵依赖于细分次数，是动态的细分模式，同时即使价相同的顶点其细分矩阵也不完全相同，计算更加复杂。

3.3.2　离散 Fourier 变换

通过上文讲到的方法，将细分曲面的规则表示为细分矩阵之后，利用 Fourier 变换可以将细分曲面的分析转换到 Fourier 系数空间。由于细分矩阵的循环特性，进行 Fourier 变换后块状循环矩阵会变成块状对角矩阵，简化了细分矩阵的特征分析工作。由于细分模式中处理的是离散数据，因此通常是采用离散 Fourier 变换。最早 Doo-Sabin 利用离散 Fourier 变换对 Catmull-Clark 细分方法的收敛性和权值参数的取值范围进行分析。Ball 和 Storry（1988）进一步对 Catmull-Clark 曲面法向量的连续性进行了分析。

令 $\omega = e^{-2\pi j/n}$，则 n 维向量 $A = (a_0, \cdots, a_n)$ 可由 $\hat{A} = (\hat{a}_0, \cdots, \hat{a}_n)$ 定义为：

$$\hat{a}_j = \sum_{i=0}^{n} a_i \omega^{ij} \tag{3-33}$$

在式（3-33）中，$\omega = e^{-2\pi j/n}$。向量 $\hat{A}$ 被称为 A 的离散 Fourier 变换。那么，Fourier 逆变换为：

$$a_i = \frac{1}{n+1} \sum_{j=0}^{n} \hat{a}_j \omega^{-ij} \tag{3-34}$$

把式（3-35）代入循环矩阵 Q 中，

$$Q = \begin{bmatrix} a_0 & a_n & \cdots & a_1 \\ a_1 & a_0 & \cdots & a_2 \\ \vdots & \vdots & & \vdots \\ a_n & a_{n-1} & \cdots & a_0 \end{bmatrix} \tag{3-35}$$

可以得到：

$$Q = UD\overline{U}^T \tag{3-36}$$

其中，U 是关于 ω 的 Vandermonde 行列式（Lancaster and Tismenetsky，1985），其中

$$U = \frac{1}{\sqrt{n+1}} \begin{bmatrix} 1 & 1 & \cdots & 1 \\ 1 & \omega & \cdots & \omega^n \\ \vdots & \vdots & & \vdots \\ 1 & \omega^n & \cdots & \omega^{n^2} \end{bmatrix}, D = diag(\hat{a}_0, \hat{a}_1, \cdots, \hat{a}_n)$$

$\overline{U}^T$ 是 U 的共轭转置。由于 $U\overline{U}^T = I$，即 Q 与 D 是相似矩阵，它们有相同的特征根。上述分析对 a_i 为块状方阵时也成立，只需把 $1, \omega$ 换成相应的方阵 $I, \omega I$。

3.3.3 特征值分析

有了前两节讲到的细分矩阵和离散 Fourier 分析方法，可以方便地进行细分矩阵特征值的分析。假设所考虑的是均匀的静态细分方法，即在细分过程中细分矩阵是相同的，即 $Q = Q^{(1)} = \cdots = Q^{(k)}$。则有：

$$V^{k+1} = QV^k = Q^2V^{k-1} = \cdots = Q^{k+1}V^0 \tag{3-37}$$

设 S 特征谱为 $|\lambda_0| > |\lambda_1| \geqslant \cdots \geqslant |\lambda_n|$，相应的列特征向量分别为 $d_0, d_1, \cdots, d_n$，并且存在系数 $\alpha_0, \alpha_1, \cdots, \alpha_n$（三维行向量）使得：

$$V^0 = \sum_{i=0}^{n} \alpha_i d_i \tag{3-38}$$

向量 α_i 与 d_i 的乘积应看成 α_i 的三个分量分别与 d_i 相乘，则有：

$$V^{k+1} = Q^{k+1}V^0 = \sum_{i=0}^{n} \alpha_i \lambda_i^{k+1} d_i = \lambda_0^{k+1}\left(\alpha_0 d_0 + \sum_{i=1}^{n} \left(\frac{\lambda_i}{\lambda_0}\right)^{k+1} \alpha_i d_i\right) \tag{3-39}$$

如果 $|\lambda_0| < 1$，则细分方法能够将多边形或网格收缩到原点；$\lambda_0 = 1$，则细分方法是收敛的，其他情况是发散的。当要求细分模式具有仿射不变性时，其新顶点权值的和总是为 1，即细分矩阵每行的和为 1，因此 1 总是细分矩阵的特征根，这样的细分模式一般不会收缩到一个点。

3.3.4 连续性分析

在细分方法的连续性分析中，单变元细分模式（曲线细分）的收敛性和连续性分析已形成较完整的框架体系（Dyn，2002；Warren et al.，2002）。对于细分曲面，虽然在规则点处的连续性分析相对简单，但由于没有解析形式，因此分析其在奇异点处的连续性或光滑性都非常困难。Doo 和 Sabin（1978）利用细分矩阵具有循环矩阵的特点，以及离散 Fourier 变化可简化为求解矩阵特征根的方式，对细分的收敛性进行分析，对 Catmull-Clark 细分的收敛性和权值参数的取值范围进行分析。Ball 和 Storry（1988）采用类似的方法，进一步对 Catmull-Clark 曲面法向量的连续性进行了分析。经过多次细分之后，除奇异顶点外其他顶点都成了正则顶点，正则顶点的切向量可用附近控制顶点的线性组合来表示，因此可以对这些切向量建立类似的矩阵表示并利用 Fourier 方法进行收敛性分析。

通过引入特征映射（Characteristic Map）的概念，Reif 建立了细分模式生成正则极限曲面的充分必要条件并证明 Catmull-Clark 细分是 C^1 连续的。Umlauf（2000）证明了 Loop 模式的特征映射的单射性质，对 Loop 细分连续性进行了完整分析。Peters 和 Reif（1998）也对 Doo-Sabin 细分和 Catmull-Clark 细分特征映射的双射性、连续性进行了研究。Zorin（1998）建立了更广的一类细分模式 C^k 连续证明的理论框架并设计了一个验证 C^1 连续的算法。Prautzsch（1995）利用特征映射对细分曲面进行参数化，对任意静态细分模式给出了极限曲面 C^1 连续的充要条件。利用这一连续性准则，Prautzsch 和 Umlauf（2000）还导出了 Loop 细分和 Catmull-Clark 细分在奇异点处达到 G^1 连续的细分规则以及 Butterfly 细分在奇异点处达到 G^1 连续的细分规则。此外，Zorin 等（1996）还给出了 Butterfly 细分 C^1 连续及相关证明。Dyn 等（2002，1992）不仅给出了曲线、曲面甚至高维情形的一般性光滑性定理，还给出了一种通过增加参数的方法来提高细分方法光滑性的方法，并且把这种方法应用到曲线、曲面新的细分算法的构造中，得到了很好的结果。

3.4 本章小结

　　本章在介绍了网格相关概念的基础上，详细介绍了常用的细分方法，包括 Doo-Sabin 细分、Catmull-Clark 细分、Loop 细分、Butterfly 细分等，并对细分方法进行了分类和比较。以 Catmull-Clark 细分、Loop 细分为例给出了细分的矩阵表示，并概述了细分方法的离散 Fourier 变换和特征值分析。本章为后续章节提供了重要理论基础。

4 基于三次 B 样条的融合细分曲线

B 样条曲线是一种非常灵活的曲线，曲线的局部形状受相应顶点的控制很直观。本章从三次 B 样条出发，通过分析三次 B 样条细分方法的拓扑规则和几何规则，定义三次 B 样条逼近细分的位移算子，推导出一种新的基于三次 B 样条的插值细分方法以及融合细分方法。我们还发现了位移算子中特定的线性组合关系对极限曲线的光滑度和连续性有重要影响。

4.1 研究背景

Lane 等（1980）给出了 n 次均匀 B 样条曲线的离散算法。该算法根据规则计算新顶点序列，并应用中点均值到这个新序列中。该算法几何意义明确，但并未明确给出细分方法中新点旧点之间的对应关系。对于给定的初始控制多边形的任一控制顶点，每次细分后都包含这些初始控制顶点，则这种细分方法被称为插值细分方法，否则称为逼近细分方法。B 样条可通过逼近一组控制点来产生，B 样条多项式的次数可独立于控制点数目（有一定限制）。如果顶点控制技术运用得当，可以使整个 B 样条曲线能够满足一些特殊技术要求。例如，可以在曲线中构造一段直线，使曲线通过指定点，制定曲线端点的约束条件。如果能从逼近型 B 样条曲线导出一种插值方法，则能够更好地控制生成曲线的形状，满足实际应用的需求，同时将逼近和插值结合，将会有更广泛的应用前景。

为了更好地研究一般插值细分与逼近细分的内在联系，我们从细分方法的一般生成方程进行分析并给出了基本定义和符号以及曲线连续性定理。

定义 4.1 给定一组初始控制顶点 $P^0 = \{p_i^0 \in R, \ i \in Z\}$，经过 k 次细分后得到控制顶点 $P^{k+1} = \{p_i^{k+1} \in R, \ i \in Z\}$，其中细分规则 S 的一般生成方程

可定义为：

$$P_j^{k+1} = \sum_{i \in Z^n} a_{\mu i-j} P_i^k, \quad j \in Z^n, \quad k = 0, 1, 2, \cdots \tag{4-1}$$

在式（4-1）中，μ 称为细分方法的重数，为大于 1 的正整数。如果 $\mu = 2$ 则称该细分方法为二重细分；如果 $\mu = 3$ 则称该细分方法为三重细分，以此类推。n 为正整数，如果 $n = 1$，式（4-1）表示曲线细分；如果 $n = 2$，式（4-1）则表示曲面细分。$a = \{a_i \in R^d; i \in Z^n\}$ 被称为细分方法模板。由于式（4-1）具有平移不变性，a 中的元素可表示为有限多个非零元素，即：

$$a = [\cdots, 0, a_0, a_1, \cdots, a_{\sigma-2}, a_{\sigma-1}, 0, \cdots] \tag{4-2}$$

利用劳伦多项式：

$$P^k(z) = \sum_{j \in Z^n} P_j^k z^j$$

由式（4-1）决定的细分迭代过程 $P^{k+1} = SP^k$ 的细分一般生成规则可表示为：

$$P^{k+1}(z) = a(z) P^k(z^{\mu}) \tag{4-3}$$

式（4-3）中细分模板 $a(z)$ 为：

$$a(z) = \sum_{i \in Z^n} a_i z^i$$

根据 Hassen 等（2002）和 Dyn（1992）等的结论，由式（4-1）决定的细分规则满足收敛性的充分条件为：

$$\sum_{i \in Z^n} a_{\mu i-j} = 1$$

该条件也可以记为：

$$a(1) = \mu, \qquad a(e^{\frac{2ih\pi}{\mu}}) = 0, \quad h \in Z \cap (0, \mu) \tag{4-4}$$

Wallner 和 Dyn（2005）证明了任意二重线性细分方法都可以表示成 B 样条的仿射组合。对于任意重数 μ，则细分模板 $a(z)$ 可表示为：

$$a(z) = \frac{1}{\mu^m} \left(\frac{1 - z^{\mu}}{1 - z} \right)^{m+1} a^{(m+1)}(z) \tag{4-5}$$

如果细分方法是静态的（即细分模板的系数固定不变），式（4-5）则是细分方法达到 C^m 连续的充分条件。特别地，如果对于 $v \in Z \cap [0, m]$，$a^{(v+1)}$ 满足式（4-4）并且存在一个整数 $L > 0$ 满足：

$$\left\| S_{a^{(v+1)}}^L \right\|_{\infty} < 1$$

则有 $S_a^\infty P^0 \in C^m$ (Dyn, 2002)。另外，$a^{(v+1, L)}(z)$ 记为：

$$a^{(v+1, L)}(z) = a^{(v+1)}(z) a^{(v+1)}(z^\mu) \cdots a^{(v+1)}(z^{\mu^{L-1}}) \tag{4-6}$$

因此，

$$\left\| S_{a^{(v+1)}}^L \right\|_\infty = \max\left\{ \sum_j |a_{i-\mu^L j}^{(v+1, L)}| : 0 \leqslant i < \mu^L \right\} \tag{4-7}$$

4.2 基于三次 B 样条的融合细分方法

给定初始控制顶点 $P_i^0(i = 1, 2, \cdots, n)$，三次 B 样条细分递推公式可记为：

$$\begin{cases} P_{2i}^{k+1} = \dfrac{1}{8}(P_{i-1}^k + 6P_i^k + P_{i+1}^k) \\[2mm] P_{2i+1}^{k+1} = \dfrac{1}{8}(4P_i^k + 4P_{i+1}^k) \end{cases} \tag{4-8}$$

式（4-8）定义的三次 B 样条细分方法。可理解为：

（1）对控制多边形中的控制顶点 P_i^k 计算新的 V-顶点 P_{2i}^{k+1}。

（2）对控制多边形中的每条边插入中点，即 E-顶点 P_{2i+1}^{k+1}。

（3）依次连接所有的 V-顶点 P_{2i}^{k+1} 和 E-顶点 P_{2i+1}^{k+1}。

对于 V-顶点则是通过相邻三个顶点线性组合来计算新顶点的位置，E-顶点是每条边的中点。根据上述拓扑规则和几何规则，则可以得到三次 B 样条的细分方法。并且，其极限曲线可达到 C^2 连续的。

4.2.1 三次 B 样条细分方法

给定初始控制顶点 $P^0 = \{p_i^0 \in R, i \in Z\}$，利用三次 B 样条细分方法由顶点 P_i^k 得到新的顶点 P_i^{k+1} 的细分规则如下：

第一步，在初始控制网格每组相邻的两点 P_i^k 和 P_{i+1}^k 之间中点处插入一个新顶点 $P_i'^k$，如图 4-1（b）所示，$P_i'^k$ 可表示为：

$$P_i'^k = \frac{1}{2}(P_i^k + P_{i+1}^k) \tag{4-9}$$

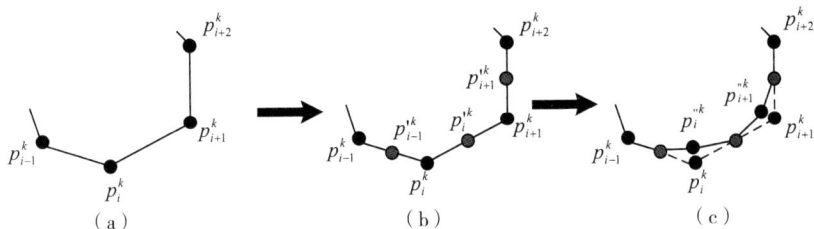

图 4-1 三次 B 样条细分方法

注：（a）初始控制顶点；（b）第一步细分操作；（c）第二步细分操作。

第二步，令第一步中新插入顶点 $P_i'^k$ 的位置保持不变，把顶点 P_i^k 向内移动到 $P_i''^k$，如图 4-1（c）所示，$P_i''^k$ 相对 P_i^k 的位移量称为逼近细分位移算子记为 Δ_i^k，根据三次 B 样条的计算模板：

$$P_i''^k = \frac{1}{8}P_{i-1}^k + \frac{3}{4}P_i^k + \frac{1}{8}P_{i+1}^k \tag{4-10}$$

可以得到细分位移算子 Δ_i^k 为：

$$\Delta_i^k = P_i''^k - P_i^k = -\frac{1}{8}P_{i-1}^k + \frac{1}{4}P_i^k - \frac{1}{8}P_{i+1}^k \tag{4-11}$$

重复上述两步的操作，即可得到基于三次 B 样条的逼近细分方法，由该逼近细分方法生成的曲线极限可达到 C^2 连续。

4.2.2 基于三次 B 样条的插值细分方法

给定初始控制顶点 $P^0 = \{p_i^0 \in R, \ i \in Z\}$，定义新的插值细分方法第一步与上文中三次 B 样条逼近细分方法中相同。第二步利用相邻两个顶点的逼近细分位移量，即 $P_i''^k$ 向内移动的位移量，令其满足以下条件的线性组合作为新插入顶点的插值细分位移算子，即 P_{3i+d}^{k+1} 向外移动的位移量 Δ_{3i+d}^{k+1}：

$$\Delta_{3i+d}^{k+1} = \lambda \Delta_{i+(d-1)\bmod 2}^k + \mu \Delta_{i+d\bmod 2}^k \tag{4-12}$$

在式（4-12）中，$d = 1, 2$；$\lambda = 4(1 + \omega)/9$，$\mu = 4(1 - \omega)/9$，$\omega$ 为自由参数。

通过分析位移算子对细分极限曲线形状的连续性和光滑性的影响，得出 P_i^k 和 P_i^{k+1} 的逼近细分位移量 Δ_1 和 Δ_2 之间的线性关系对极限曲线形状的连续性和光滑性的影响及由此推导出插值细分方法。这对于某些需要用三次插值 B 样条生成经过特殊控制顶点的曲线的应用尤其重要，其避免了三次插值 B 样条求解方程组的复杂计算，并进一步提高细分曲线的造型能力。

根据上述细分步骤，以及给出的插值细分位移算子，一种新的基于三次 B 样条细分的插值细分方法可定义为：

$$
\begin{cases}
P_{3i}^{k+1} = P_i^k \\
P_{3i+1}^{k+1} = \alpha P_i^k + (1-\alpha) P_{i+1}^k + \Delta_{3i+1}^{k+1} \\
P_{3i+2}^{k+1} = (1-\alpha) P_i^k + \alpha P_{i+1}^k + \Delta_{3i+2}^{k+1}
\end{cases}
\tag{4-13}
$$

在式（4-13）中，$\alpha = 2/3$，Δ_{3i+1}^{k+1} 和 Δ_{3i+2}^{k+1} 由式（4-12）定义。

显然，所有的计算都能在常数时间复杂度内完成，避免每一层细分中都执行所谓的回插调整操作，同时避免解方程组来推导出顶点权重。根据式（4-13），可写出细分矩阵 s，使其满足 $P^{k+1} = SP^k$：

$$
s = \begin{bmatrix}
-\dfrac{\mu}{8} & (1-\alpha)-\dfrac{\lambda}{8}+\dfrac{\mu}{8} & \alpha+\dfrac{\lambda}{4}-\dfrac{\mu}{8} & -\dfrac{\lambda}{8} & 0 & 0 \\
0 & 0 & 1 & 0 & 0 & 0 \\
0 & -\dfrac{\lambda}{8} & \alpha+\dfrac{\lambda}{4}-\dfrac{\mu}{8} & (1-\alpha)-\dfrac{\lambda}{8}+\dfrac{\mu}{8} & -\dfrac{\mu}{8} & 0 \\
0 & -\dfrac{\mu}{8} & (1-\alpha)-\dfrac{\lambda}{8}+\dfrac{\mu}{8} & \alpha+\dfrac{\lambda}{4}-\dfrac{\mu}{8} & -\dfrac{\lambda}{8} & 0 \\
0 & 0 & 0 & 1 & 0 & 0 \\
0 & 0 & -\dfrac{\lambda}{8} & \alpha+\dfrac{\lambda}{4}-\dfrac{\mu}{8} & (1-\alpha)-\dfrac{\lambda}{8}+\dfrac{\mu}{8} & -\dfrac{\mu}{8}
\end{bmatrix}.
$$

$$
\tag{4-14}
$$

4.2.3　基于三次 B 样条的融合细分方法

增加位移算子的权值控制参数，将逼近细分和插值细分统一表示。因此，对于旧的控制顶点 P_i^k，令它的逼近细分位移算子为 $\Delta_i'^k$：

$$
\Delta_i'^k = -(1-\theta)\Delta_i^k = -(1-\theta)\left(-\frac{1}{8}P_{i-1}^k + \frac{1}{4}P_i^k - \frac{1}{8}P_{i+1}^k\right)
\tag{4-15}
$$

在式（4-15）中，θ 为实数，且 $0 \leqslant \theta \leqslant 1$。对于利用三次 B 样条逼近细分位移量的线性组合作为插值细分位移算子的顶点 P_{3i+1}^{k+1} 和 P_{3i+2}^{k+1}，令其相对应的插值细分位移量 $\Delta_{3i+1}'^{k+1}$ 和 $\Delta_{3i+2}'^{k+1}$ 分别为 $\theta(\lambda\Delta_i^k + \mu\Delta_{i+1}^k)$ 和 $\theta(\mu\Delta_i^k + \lambda\Delta_{i+1}^k)$，即：

$$\begin{cases} \Delta_{3i+1}'^{k+1} = \theta(\lambda\Delta_i^k + \mu\Delta_{i+1}^k) \\ \Delta_{3i+2}'^{k+1} = \theta(\mu\Delta_i^k + \lambda\Delta_{i+1}^k) \end{cases} \quad (4-16)$$

因此，根据式（4-15）和式（4-16），基于三次 B 样条的逼近插值融合的细分方法可以由式（4-17）给出：

$$\begin{cases} P_{3i}^{k+1} = P_i^k - (1 - \theta)\Delta_i^k \\ P_{3i+1}^{k+1} = \alpha P_i^k + (1 - \alpha)P_{i+1}^k + \theta(\lambda\Delta_i^k + \mu\Delta_{i+1}^k) \\ P_{3i+2}^{k+1} = (1 - \alpha)P_i^k + \alpha P_{i+1}^k + \theta(\mu\Delta_i^k + \lambda\Delta_{i+1}^k) \end{cases} \quad (4-17)$$

其中，

$$\lambda = \frac{4(1+\omega)}{9}, \quad \mu = \frac{4(1-\omega)}{9}$$

在此逼近和插值融合细分方法中，通过 θ 的不同取值，就可以得到不同的细分曲线。当参数 $\theta = 1$ 时，它生成的是插值原控制顶点的细分曲线；当 $\theta = 0$ 时生成位于原控制网格内部的逼近型的极限曲线；当 $\theta = C$，$C \in (0, 1)$ 时，该方法生成的细分极限曲线位于前两者之间，此时得到的极限曲线比前两者更高精度逼近原始控制多边形。接下来我们将详细分析该融合细分曲线的连续性和收敛性，通过证明，当 $1/5 < \omega < 1/3$ 时，该融合细分曲线极限可达到 C^1 连续。

4.3 基于三次 B 样条的融合细分曲线收敛及光滑性分析

定理 4.1 当 $0 \leqslant \theta \leqslant 1$，$1/5 < \omega < 1/3$ 由式（4-17）给出的基于三次 B 样条的融合细分曲线能达到 C^1 连续。

证明：式（4-17）给出的四参数四点细分方法属于静态均匀细分方法，它所表示的插值细分方法用 Laurant 多项式表示为：

$$a(z) = -\frac{\theta(1-\omega)}{18}z^{-5} - \frac{\theta(1+\omega)}{18}z^{-4} + \frac{1-\theta}{8}z^{-3} +$$

$$(\frac{1}{3} - \frac{\theta(1+\omega)}{18} + \frac{\theta(1-\omega)}{9})z^{-2} + (\frac{2}{3} - \frac{\theta(1-\omega)}{18} + \frac{\theta(1+\omega)}{9})z^{-1} +$$

$$1 - \frac{1-\theta}{4} + (\frac{2}{3} - \frac{\theta(1-\omega)}{18} + \frac{\theta(1+\omega)}{9})z +$$

$$(\frac{1}{3} - \frac{\theta(1+\omega)}{18} + \frac{\theta(1-\omega)}{9})z^2 + \frac{1-\theta}{8}z^3 - \frac{\theta(1+\omega)}{18}z^4 - \frac{\theta(1-\omega)}{18}z^5$$

$$(4\text{-}18)$$

满足 $\sum\limits_{j \in Z} \alpha_{3j} = 1$，$\sum\limits_{j \in Z} \alpha_{3j+1} = 1$，$\sum\limits_{j \in Z} \alpha_{3j+2} = 1$，因此该细分方法是 C^0 连续的。

利用前面给出的推论，证明问题转化为判断对式（4-18）迭代地用 $\left(\dfrac{1+z+z^2}{3z^2}\right)$ 做除法，经过 $i+1$ 次运算，求得的 $a(z)^{[i]}$ 是否满足 Laurant 多项式，且 $\left\| \dfrac{1}{3}S_i \right\|_\infty < 1$。

根据前述所给出的定理，令 $a(z)^{[0]} = a(z)$，进行一次迭代运算有：

$$a(z)^{[1]} = \frac{\theta(\omega-1)}{6}z^5 - \frac{\theta\omega}{3}z^4 + (\frac{3(1-\omega)}{8} + \frac{\theta(\omega+1)}{6})z^3 +$$

$$(1 - \frac{\theta\omega}{3} - \frac{3(1-\theta)}{8})z^2 + (1 + \frac{2\theta\omega}{3})z + (1 - \frac{\theta\omega}{3} - \frac{3(1-\theta)}{8}) +$$

$$(\frac{3(1-\omega)}{8} + \frac{\theta(\omega+1)}{6})z^{-1} - \frac{\theta\omega}{3}z^{-2} + \frac{\theta(\omega-1)}{6}z^{-3}$$

$$(4\text{-}19)$$

显然，$a(z)^{[1]}$ 属于 Laurant 多项式，同时证明得到：

$$\sum\limits_{j \in Z} \alpha_{3j} = 1, \quad \sum\limits_{j \in Z} \alpha_{3j+1} = 1, \quad \sum\limits_{j \in z} \alpha_{3j+2} = 1$$

并且有：

$$\left\| \frac{1}{3}S_1 \right\|_\infty < 1$$

继续对 $a(z)^{[1]}$ 做迭代运算则可得到：

$$a(z)^{[2]} = \frac{\theta(\omega - 1)}{2}z^5 - \frac{\theta(1 - 3\omega)}{2}z^4 + \left(\frac{9(1 - \theta)}{8} + \frac{\theta(3\omega + 1)}{2}\right)z^3 +$$

$$\left(3 - \theta\omega - \frac{9(1 - \theta)}{4} - \theta\right)z^2 + \left(\frac{9(1 - \theta)}{8} + \frac{\theta(3\omega + 1)}{2}\right)z +$$

$$\frac{\theta(1 - 3\omega)}{2} + \frac{\theta(\omega - 1)}{2}z^{-1}$$

$$(4-20)$$

显然，$a(z)^{[2]}$ 属于 Laurant 多项式，且有 $\|S_2/3\|_\infty < 1$。但计算得到的 $a(z)^{[3]}$ 已不属于 Laurant 多项式，根据细分的连续性定理，提出的基于三次 B 样条的融合细分方法生成的细分曲线能够达到 C^1 连续。

4.4 带形状控制参数的融合细分曲线

利用控制顶点的权值控制参数来调节插值和逼近的性质。本节中就实例来说明权值控制参数对曲线形状的影响做详细分析。

图 4-2 基于三次 B 样条的融合细分曲线

注：从左到右分别对应 $\theta = 0, 0.25, 0.50, 0.75, 1.0$，控制极限曲线从插值到逼近的转变。

对于基于三次 B 样条融合的细分方法，实验结果证实了 θ 密切影响极限曲线的光滑性和连续性。图 4-2 给出了 θ 值对细分曲线形状的影响，其中插值细分曲线会"外凸"于原控制网格，而逼近型的细分曲线会"内凹"于原控制网格。利用融合细分方法，就可以生成介于两者之间的细分曲线，与原网格更加贴近。

4.5　本章小结

三次 B 样条推出的细分方法其初始控制顶点的位移发生改变，同时生成的极限曲线位于凸包内，是一种逼近细分。本章对三次 B-样条逼近细分方法进行分析，将其顶点的计算规则看成是新顶点位移。利用偏移量特定的线性组合作为插值细分新插入顶点的偏移量，给出了基于三次 B 样条的插值细分方法，并进一步利用参数调节，得到了基于三次 B 样条的融合细分方法，利用 Lanrant 多项式分析并证明了新的融合细分曲线极限 C^1 连续。利用三次 B-样条逼近细分方法解决曲线插值问题。

5 插值与逼近统一的融合细分曲线

为了降低进行矢量图形绘制的计算量并构建基于细分的多分辨率网格表示方法，本章考虑单变量曲线细分方法的情形。通过对几何规则的简单操作，从高阶光滑的逼近型细分方法给出了具有相同光滑性的融合插值型细分方法，对新生成的细分方法的收敛性及光滑性进行了详细分析。

5.1 研究背景

细分方法作为一种离散的造型方法，结合了多边形造型和参数样条表示方法的优点，不仅能够生成光滑的曲线或曲面，同时算法简捷稳定，只需要简单的加法和乘法操作即可，特别适合内存受限的移动终端三维模型表示。根据初始控制顶点的位置是否改变，细分方法可划分为两类：插值细分和逼近细分。两者各有各的优点，插值型细分广泛用于 CAD/CAM 造型，但其约束太多，难以获得较高的连续性。逼近型细分方法生成的细分曲线或网格位于初始控制顶点或控制网格的凸包内，便于求交等网格操作，且逼近细分生成的细分方法比插值型细分更容易得到光滑度高的极限曲线或曲面。

基于上述存在的问题，研究人员希望能够通过某种方式将插值细分和逼近细分统一起来以解决上述问题，研究目标可概括为以下四点：

（1）找出现存的插值型细分和逼近型细分之间的内在联系，为多种细分模式提供统一计算框架，为不同的细分方法设计统一的数据结构和算法。

（2）寻找可以直接由逼近细分推导得到相应的新插值细分模式的方法，避免插值细分在奇异点处的复杂计算以及解决现存插值细分方法存在的一些问题。

（3）寻找能通过参数来控制细分插值或者逼近趋势的方法，从而可以随意生成介于插值和逼近之间的网格，用于解决多分辨率分解时存在的跳跃现象。

（4）寻找方便易行的局部插值的方法，避免通过求解大量线性方程组来反求控制顶点，降低计算复杂性，方便多分辨率网格顶点编辑。

Lin 等（2008）找到了三次 B 样条细分与四点法细分曲线之间的关系，图 5-1 形象地描述了这种关系。给定初始控制网格 $P_i^0(i = 0, 1, \cdots, n)$，令 P_i^1 为 P_i^0 和 P_{i+1}^0 的中点。那么每一步三次 B 样条曲线细分可以看成是：插入新顶点 P_i^1，保持 P_i^1 位置不变，而 P_i^0 移动到一个新位置：

$$P_i^0 = P_i^1 - \left(-\frac{1}{8}P_{i-1}^0 - \frac{1}{8}P_{i+1}^0 + \frac{1}{4}P_i^0 \right) \tag{5-1}$$

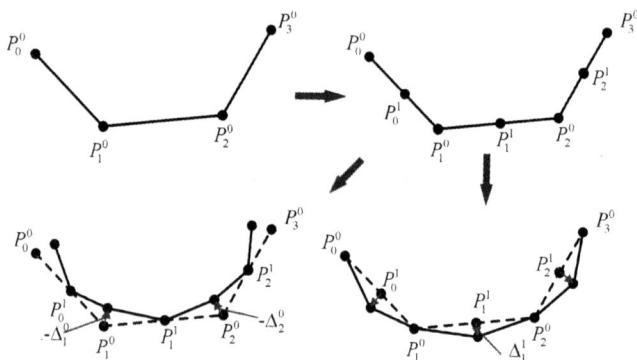

图 5-1　三次 B 样条细分与四点法细分曲线之间的关系[①]

对于每一步四点曲线细分，可以将其看成是：在初始控制网格中插入新顶点 P_i^1，保持 P_i^0 的位置不变，而 P_i^1 移动到一个新位置：

$$P_i^1 = P_i^1 + \left(-\frac{1}{8}P_{i-1}^1 - \frac{1}{8}P_{i+1}^1 + \frac{1}{4}P_i^1 \right) \tag{5-2}$$

可以将上述两个操作步骤等同看待，两者不同之处在于三次 B 样条细分曲线操作的是原控制网格中的旧点 P_i^0，而四点细分曲线操作的是新插入的顶点 P_i^1，并且它们各自位置移动操作的方向是相反的，位置移动的值为：

$$\Delta_i^j = -\frac{1}{8}P_{i-1}^j - \frac{1}{8}P_{i+1}^j + \frac{1}{4}P_i^j, \ j = 0, 1 \tag{5-3}$$

---

① 资料来源：S. Lin, F. You, X. Luo, et al. Deducing Interpolating Subdivision Schemes from Approximating Subdivision Schemes ［J］. ACM Transactions on Graphics, 2008, 27（5）：146.

从图 5-1 可以看出，相对于初始控制网格，三次 B 样条细分方法生成的曲线呈现"收缩"趋势，而四点细分呈现"扩张"趋势，而这个"收缩"或"扩张"的趋势以及程度是由 $\pm \Delta_i^j$ 的值所决定。

5.2 插值与逼近统一的三重融合细分曲线

Hassen 等（2003）指出，二重插值细分方法因为其固有的特性，在细分模板中用来计算新顶点的控制顶点个数通常为偶数，而三重细分则无此限制，最简单的情况是利用三个相邻顶点计算新顶点的位置，同时还能取得良好的连续性。因此，我们从三重细分着手，希望能够在连续性及收敛性等方面取得更好的结果。

5.2.1 三重逼近细分曲线

给定初始控制顶点 $P_i^0(i = 1, 2, \cdots, n)$，三重逼近曲线可由式（5-4）递推定义得到：

$$\begin{cases} P_{3i}^{k+1} = \dfrac{4}{27}P_{i-1}^k + \dfrac{19}{27}P_i^k + \dfrac{4}{27}P_{i+1}^k \\[2mm] P_{3i+1}^{k+1} = \dfrac{1}{27}P_{i-1}^k + \dfrac{16}{27}P_i^k + \dfrac{10}{27}P_{i+1}^k \\[2mm] P_{3i+2}^{k+1} = \dfrac{10}{27}P_i^k + \dfrac{16}{27}P_{i+1}^k + \dfrac{10}{27}P_{i+2}^k \end{cases} \tag{5-4}$$

由该细分规则生成的细分极限曲线被证明了可达到 C^2 连续。为了得到插值与逼近统一的融合细分方法，用新的角度观察三重逼近细分方法。三重逼近细分的拓扑规则及几何规则可进行如下操作：

给定初始控制顶点 $P_i^0(i = 1, 2, \cdots, n)$，如图 5-2（a）所示。第一步：在 P_i^0 和 P_{i+1}^0 之间的 1/3 和 2/3 处插入两个新点 P_{3i+1}^0 和 P_{3i+2}^0，如图 5-2（b）所示：

$$P_{3i+1}^0 = \frac{2}{3}P_i^0 + \frac{1}{3}P_{i+1}^0, \qquad P_{3i+2}^0 = \frac{1}{3}P_i^0 + \frac{2}{3}P_{i+1}^0 \tag{5-5}$$

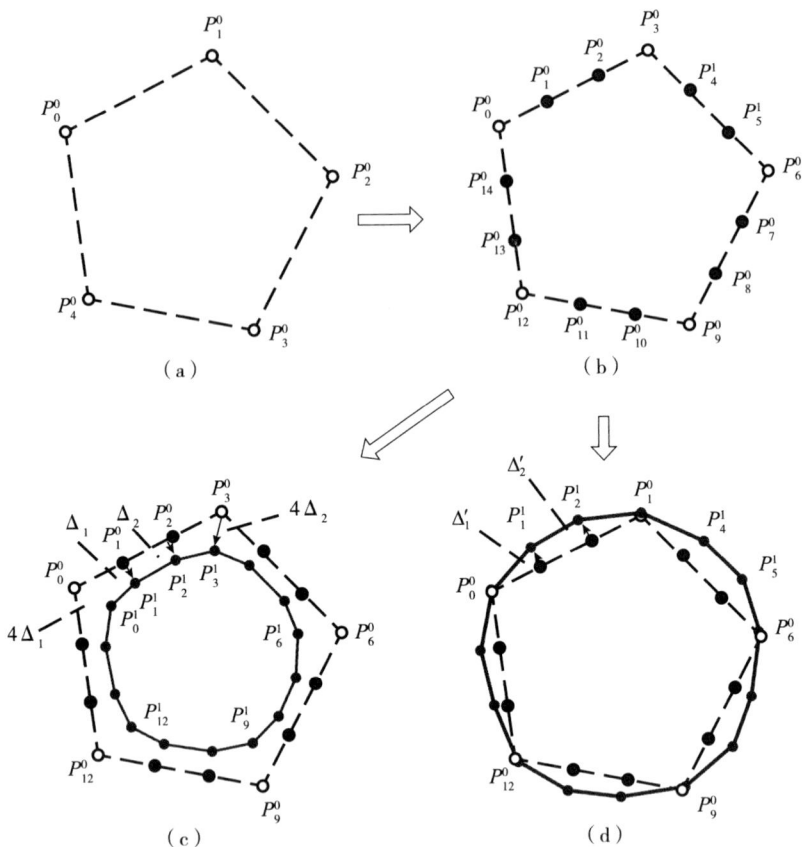

图 5-2　三重逼近细分与三重插值细分的关系

第二步：令

$$\Delta_i = -\frac{1}{27}P_{i-1}^0 + \frac{2}{27}P_i^0 - \frac{1}{27}P_{i+1}^0 \tag{5-6}$$

将 P_{3i+1}^0 和 P_{3i+2}^0 分别移动到新的位置 P_{3i+1}^1 和 P_{3i+2}^1，位移为 Δ_i 和 Δ_{i+1}。同时将 P_{3i}^0 移动到新位置 P_{3i}^1，其位移恰好是 $4\Delta_i$，如图 5-2（d）所示。

根据上述步骤，经过 k 次修改后，可得到一组新的控制顶点 P^{k+1}。因此，三重逼近细分方法的递推公式可归纳为：

$$\begin{cases} P_{3i}^{k+1} = P_i^k - 4\Delta_i^k \\[2mm] P_{3i+1}^{k+1} = \left(\frac{2}{3}P_i^k + \frac{1}{3}P_{i+1}^k\right) - \Delta_i^k \\[2mm] P_{3i+2}^{k+1} = \left(\frac{1}{3}P_i^k + \frac{2}{3}P_{i+1}^k\right) - \Delta_{i+1}^k \end{cases} \tag{5-7}$$

5.2.2　新的三重插值细分曲线

基于三重逼近细分曲线，利用本书的方法，可推出新的三重插值细分曲线。首先保持控制网格中 P_i^0 固定不动，将新插入的顶点 P_{3i+1}^0 和 P_{3i+2}^0 移动到新的位置 P_{3i+1}^1 和 P_{3i+2}^1，位移为 Δ'_{3i+1} 和 Δ'_{3i+2}，如图 5-2（c）所示。其位移方向恰好与三重逼近细分的顶点位移方向相反。其中 Δ'_{3i+1} 和 Δ'_{3i+2} 定义如下：

$$\Delta'_{3i+d} = \omega\Delta_{i+d-1} + \upsilon\Delta_{i+2-d}, \qquad d = 1,\ 2 \tag{5-8}$$

其中，$\omega = \dfrac{3}{2}(1+\mu)$，$\upsilon = \dfrac{3}{2}(1-\mu)$，$\mu$ 是自由参数。

根据式（5-8）定义的位移算子，得到新的三重插值细分方法：

$$\begin{cases} P_{3i}^{\prime k+1} = P_i^k \\[2mm] P_{3i+1}^{\prime k+1} = \dfrac{2}{3}P_i^k + \dfrac{1}{3}P_{i+1}^k + \Delta'^{k+1}_{3i+1} \\[2mm] P_{3i+2}^{\prime k+1} = \dfrac{1}{3}P_i^k + \dfrac{2}{3}P_{i+1}^k + \Delta'^{k+1}_{3i+2} \end{cases} \tag{5-9}$$

整理可得到新的三重插值细分方法形式：

$$\begin{cases} P_{3i}^{\prime k+1} = P_i^k \\[2mm] P_{3i+1}^{\prime k+1} = b_0 P_{i-1}^k + b_1 P_i^k + b_2 P_{i+1}^k + b_3 P_{i+2}^k \\[2mm] P_{3i+2}^{\prime k+1} = b_3 P_{i-1}^k + b_2 P_i^k + b_1 P_{i+1}^k + b_0 P_{i+2}^k \end{cases} \tag{5-10}$$

其中，$b_0 = -\dfrac{1}{27}\omega$，$b_1 = \dfrac{1}{27}(18+2\omega-\upsilon)$，$b_2 = \dfrac{1}{27}(9-\omega+2\upsilon)$，$b_3 = -\dfrac{1}{27}\upsilon$。

5.2.3　三重融合细分曲线

通过增加权值控制参数，就可以统一表示逼近细分和插值细分。在每一次细分中，对由式（5-6）给出三重逼近细分的位移算子增加参数 α，即：

$$\alpha\Delta_i = \alpha\left(-\frac{1}{27}P_{i-1}^0 + \frac{2}{27}P_i^0 - \frac{1}{27}P_{i+1}^0\right) \tag{5-11}$$

式（5-11）中 $0 \leqslant \alpha \leqslant 1$。对逼近细分的位移量的线性组合作为插值细分位移算子的顶点 P_{3i+1}^0 和 P_{3i+2}^0，令其相对应的插值细分位移量分别为：

$$(1 - \alpha)\Delta'_{3i+d} = (1 - \alpha)(\omega\Delta_{i+d-1} + \upsilon\Delta_{i+2-d}), \quad d = 1, 2 \quad (5-12)$$

则可将三重逼近细分规则和插值细分规则统一表示，即：

$$\begin{cases} P_{3i}^{k+1} = P_i^k - 4\alpha\Delta_i^k \\[2mm] P_{3i+1}^{k+1} = \left(\dfrac{2}{3}P_i^k + \dfrac{1}{3}P_{i+1}^k\right) - \alpha\Delta_i^k + (1 - \alpha)(\omega\Delta_i^k + \upsilon\Delta_{i+1}^k) \\[2mm] P_{3i+2}^{k+1} = \left(\dfrac{1}{3}P_i^k + \dfrac{2}{3}P_{i+1}^k\right) - \alpha\Delta_{i+1}^k + (1 - \alpha)(\upsilon\Delta_i^k + \omega\Delta_{i+1}^k) \end{cases} \quad (5-13)$$

显然，式（5-4）和式（5-10）均为式（5-13）的特殊情况。当 $\alpha = 1$ 时，式（5-13）即表示三重逼近细分；当 $\alpha = 0$ 时，式（5-13）即表示三重插值细分；当 $0 < \alpha < 1$ 时，式（5-13）可生成介于三重逼近细分和三重插值细分之间的细分曲线。

进一步整理式（5-13），可得到新的三重融合细分方法，表示如式（5-14）所示：

$$\begin{cases} P'^{k+1}_{3i} = a_0 P_{i-1}^k + a_1 P_i^k + a_0 P_{i+1}^k \\[2mm] P'^{k+1}_{3i+1} = b_0 P_{i-1}^k + b_1 P_i^k + b_2 P_{i+1}^k + b_3 P_{i+2}^k \\[2mm] P'^{k+1}_{3i+2} = b_3 P_{i-1}^k + b_2 P_i^k + b_1 P_{i+1}^k + b_0 P_{i+2}^k \end{cases} \quad (5-14)$$

其中，

$$\begin{cases} a_0 = \dfrac{4}{27}\alpha, \quad a_1 = 1 - \dfrac{8}{27}\alpha \\[3mm] b_0 = \dfrac{1}{27} - \dfrac{1}{27}(1 - \alpha)(\omega + 1) \\[3mm] b_1 = \dfrac{16}{27} + \dfrac{1}{27}(1 - \alpha)(2 + 2\omega - \upsilon) \\[3mm] b_2 = \dfrac{10}{27} + \dfrac{1}{27}(1 - \alpha)(-1 - \omega + 2\upsilon) \\[3mm] b_3 = -\dfrac{1}{27}(1 - \alpha)\upsilon \end{cases}$$

5.3　融合细分曲线的收敛和光滑性分析

由 Dyn（2002）和 Levin（1997，1999，2003）提出的细分曲线的收敛性和光滑性分析的方法被广泛地应用到各种细分曲线的分析中。这里我们也采用该方法来分析融合曲线的收敛性和光滑性，证明了基于三次 B 样条的融合细分曲线是 C^1 连续的和三重融合细分曲线是 C^2 连续的。

定理 5.1 当 $0 < \alpha < 1$，$1/5 < \mu < 1/3$ 时，由式（5-14）定义的三重融合细分曲线能达到 C^2 连续。

证明：由式（5-14）定义的三重融合细分曲线的系数可记为：

$$a = (a_i) = (\cdots,\ b_3,\ b_0,\ a_0,\ b_2,\ b_1,\ a_1,\ b_1,\ b_2,\ a_0,\ b_0,\ b_3,\ \cdots)$$

$$(5-15)$$

则其对应的 Laurent 多项式可记为：

$$a(z) = b_3 z^{-5} + b_0 z^{-4} + a_0 z^{-3} + b_2 z^{-2} + b_1 z^{-1} + a_1 z^0 +$$
$$b_1 z^1 + b_2 z^2 + a_0 z^3 + b_0 z^4 + b_3 z^5 \tag{5-16}$$

为了证明曲线是 C^2 连续，令：

$$b^{(m)}(z) = \frac{1}{3} a_m(z),\ m \in \mathbf{Z}^+ \tag{5-17}$$

其中，

$$a_m(z) = \left(\frac{3z}{1+z}\right) a_{m-1}(z) = \left(\frac{3z}{1+z}\right)^m a(z)$$

当 $m = 1$ 时，

$$b^{(1)}(z) = \frac{1}{3} a_1(z) = \frac{1}{3} \sum \xi_i z^i,\quad i = -3,\ -2\cdots,\ 5 \tag{5-18}$$

其中，

$$\xi_{-3} = \xi_5 = -\frac{1}{6}(-1+\alpha)(-1+\mu)$$

$$\xi_{-2} = \xi_4 = \frac{1}{9}(\alpha - 3\mu + 3\alpha\mu)$$

$$\xi_{-1} = \xi_3 = \frac{1}{6}(1 + \alpha + \mu - \alpha\mu)$$

$$\xi_0 = \xi_2 = \frac{1}{3}(3 + \alpha(-1 + \mu) - \mu)$$

$$\xi_1 = \frac{1}{9}(9 + 6\mu - 2\alpha(1 + 3\mu))$$

当 $\frac{1}{5} < \mu < \frac{1}{3}$ 时，计算 $\left\| \frac{1}{3}S_1 \right\|$ 可得：

$$\left\| \frac{1}{3}S_1 \right\| = \max\left\{ \sum_\beta |b^{(1)}_{\gamma+3\beta}| : \gamma = 0, 1, 2 \right\} = \max\left\{ \frac{13}{27}, \frac{19}{45}, \frac{19}{45} \right\} = \frac{13}{27} < 1$$

$$(5-19)$$

当 $m = 2$ 时，

$$b^{(2)}(z) = \frac{1}{3}a_2(z) = \frac{1}{18}\sum \xi'_i z^i, \quad i = -1, 0, \cdots, 5 \quad (5-20)$$

其中，

$$\xi'_{-1} = \xi'_5 = 3(1 - \alpha)(-1 + \mu)$$

$$\xi'_0 = \xi'_4 = 3 - \alpha - 9(1 - \alpha)\mu$$

$$\xi'_1 = \xi'_3 = 3 + \alpha + 9(1 - \alpha)\mu$$

$$\xi'_2 = 12 - 6\alpha - 6(1 - \alpha)\mu$$

当 $\frac{1}{5} < \mu < \frac{1}{3}$ 时，计算 $\left\| \frac{1}{3}S_2 \right\|$ 可得：

$$\left\| \frac{1}{3}S_2 \right\| = \max\left\{ \sum_\beta |b^{(2)}_{\gamma+3\beta}| : \gamma = 0, 1, 2 \right\} = \max\left\{ \frac{13}{15}, \frac{1}{3}, \frac{1}{3} \right\} < 1$$

$$(5-21)$$

当 $m = 3$ 时，

$$b^{(3)}(z) = \frac{1}{3}a_2(z) = \frac{1}{3}\sum \xi''_i z^i, \quad i = 1, 2, 3, 4, 5 \quad (5-22)$$

其中，

$$\xi_1^{''} = \xi_5^{''} = \frac{3}{2}(1 - \alpha)(-1 + \mu)$$

$$\xi_2^{''} = \xi_4^{''} = 3 - 6\mu + \alpha(-2 + 6\mu)$$

$$\xi_3^{''} = \alpha + 9\mu - 9\alpha\mu$$

当 $\frac{1}{5} < \mu < \frac{1}{3}$ 时，计算 $\left\| \frac{1}{3}S_3 \right\|$ 可得：

$$\left\| \frac{1}{3}S_3 \right\| = \max\left\{ \sum_\beta |b_{\gamma+3\beta}^{(3)}| : \gamma = 0, 1, 2 \right\} = \max\left\{ \frac{11}{15}, \frac{1}{3}, \frac{1}{3} \right\} < 1$$

$$(5-23)$$

但计算得到的 $b^{(4)}(z)$ 已不属于 Laurant 多项式。综上所述，当 $\frac{1}{5} < \mu < \frac{1}{3}$，即：

$$\left\| \frac{1}{3}S_1 \right\|_\infty, \quad \left\| \frac{1}{3}S_2 \right\|_\infty, \quad \left\| \frac{1}{3}S_3 \right\|_\infty < 1$$

同时容易验证 $a^{(0)}$、$a^{(1)}$、$a^{(2)}$、$a^{(3)}$ 都满足：

$$\sum_{i \in Z} a_{3i+j} = 1$$

因此，由三重融合细分曲线方法生成的极限曲线可达到 C^2 连续。

5.4　带形状控制参数的融合细分曲线

图 5-3 给出了一簇由三重融合细分方法生成的从逼近到插值的细分曲线，说明了控制顶点的权值参数 α 对曲线的影响。在 [0, 1] 内，α 值最小时，生成的细分曲线通过原控制顶点，随着 α 值越大，生成细分曲线会逐步偏离控制顶点，最终位于控制网格的凸包内。

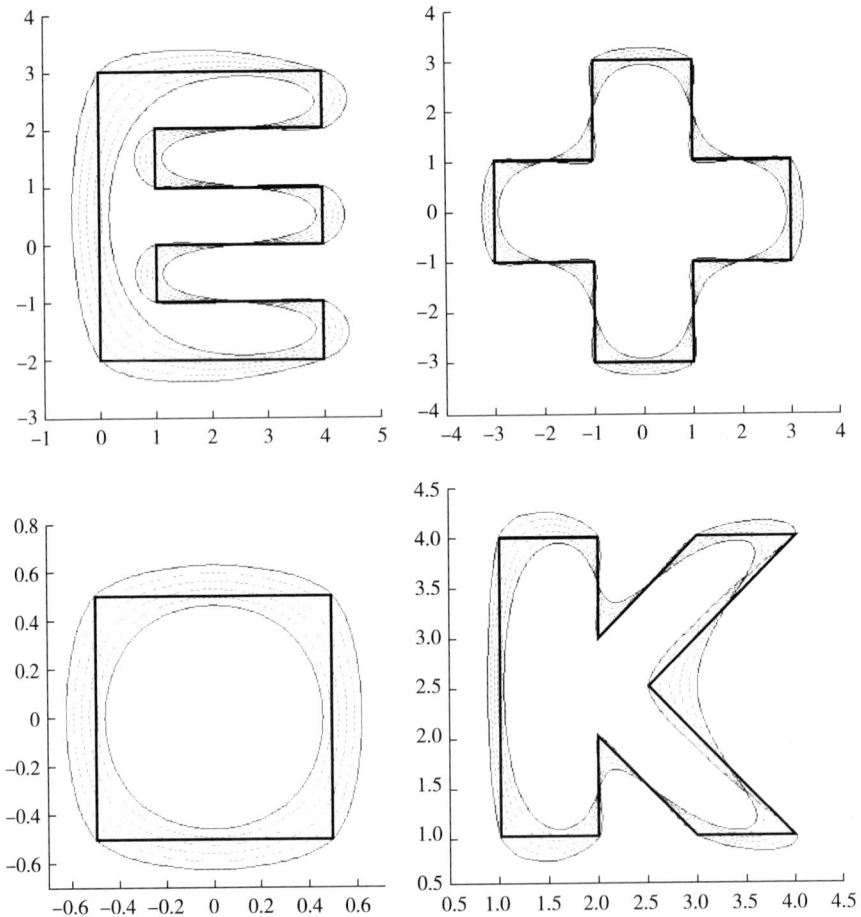

图 5-3　三重融合细分曲线实例

注：其中最里层的曲线为生成的逼近细分曲线，最外层的曲线为生成的插值细分曲线。参数 α 从里到外依次为 1.0，0.8，0.6，0.4，0.2，0。

　　在实际应用中，如飞机的外形设计、服装仿真变形等，往往还要求满足一些几何或物理的约束条件，这些约束条件在求解时往往比较复杂。通过融合细分的方法，能够有效增加一些约束条件。我们还阐述了插值细分和逼近细分之间的联系；对比初始控制网格，逼近细分呈现"收缩"趋势，而插值呈现"扩张"趋势，这个"收缩"或"扩张"的趋势以及程度是由细分的位移算子的值决定。在这里，我们添加两个参数 α、β 来分别控制旧点和新点的"收缩"或"扩张"的趋势。

对于每一步三重融合细分方法，可以将其看成是：插入新顶点 P_{3i+d}^1（$d=1$，2）并移动到如下一个新位置：

$$P_{3i+d}^1 = P_{3i+d}^0 - (1-\beta)\Delta_{i+d}^0 + \beta(\omega\Delta_{i+d-1}^0 + \nu\Delta_{i+2-d}^0), \quad d=1, 2$$

$$(5-24)$$

旧顶点 P_i^0 移动到如下一个新位置：

$$P_i^1 = P_i^0 - 4\alpha\left(-\frac{1}{27}P_{i-1}^0 + \frac{2}{27}P_i^0 - \frac{1}{27}P_{i+1}^0\right) \qquad (5-25)$$

给定初始控制顶点 $P_i^0(i=1, 2, \cdots, n)$ 以及参数 α，β，细分曲线第 $k+1$ 层的顶点由式（5-26）递推得到：

$$\begin{cases} P_{3i}^{\prime k+1} = a_0 P_{i-1}^k + a_1 P_i^k + a_0 P_{i+1}^k \\ P_{3i+1}^{\prime k+1} = b_0 P_{i-1}^k + b_1 P_i^k + b_2 P_{i+1}^k + b_3 P_{i+2}^k \\ P_{3i+2}^{\prime k+1} = b_3 P_{i-1}^k + b_2 P_i^k + b_1 P_{i+1}^k + b_0 P_{i+2}^k \end{cases} \qquad (5-26)$$

其中，$\omega = \frac{3}{2}(1+\mu)$，$\upsilon = \frac{3}{2}(1-\mu)$，$\mu$ 是自由参数，且

$$\begin{cases} a_0 = \frac{4}{27}\alpha, \quad a_1 = 1 - \frac{8}{27}\alpha \\ b_0 = \frac{1}{27} - \frac{1}{27}(1-\beta)(\omega+1) \\ b_1 = \frac{16}{27} + \frac{1}{27}(1-\beta)(2+2\omega-\upsilon) \\ b_2 = \frac{10}{27} + \frac{1}{27}(1-\beta)(-1-\omega+2\upsilon) \\ b_3 = -\frac{1}{27}(1-\beta)\upsilon \end{cases}$$

图 5-4 和图 5-5 分别说明了不同 α 值和 β 值对生成的极限曲线的影响。α 值是控制细分曲线是否满足插值条件，当 $\alpha = 0$ 即旧的控制顶点不发生位移的改变。β 值是控制细分曲线与旧的控制顶点之间的距离。在图 5-4 中，固定 α 值（$\alpha = 0$），此时满足插值条件，即生成的细分曲线通过初始控制顶点，β 值则能控制细分曲线与初始控制网格的距离，当 $0 < \beta \leq 1$ 时，β 值越大，生成的细分曲线越靠近初始控制网格，如图 5-4 中（a）至（d）所示。当 $\beta > 1$ 时，生成的细分曲线如图 5-4 中（e）至（f）所示。

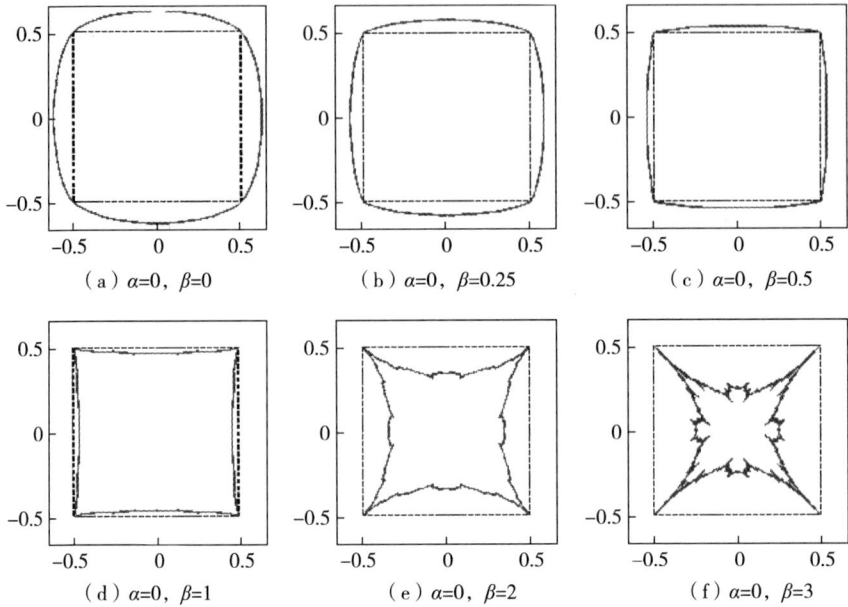

（a）α=0，β=0　　　　　（b）α=0，β=0.25　　　　　（c）α=0，β=0.5

（d）α=0，β=1　　　　　（e）α=0，β=2　　　　　（f）α=0，β=3

图 5-4　由带形状控制参数（固定 α 值和不同 β 值）

的三重融合细分方法生成的极限曲线

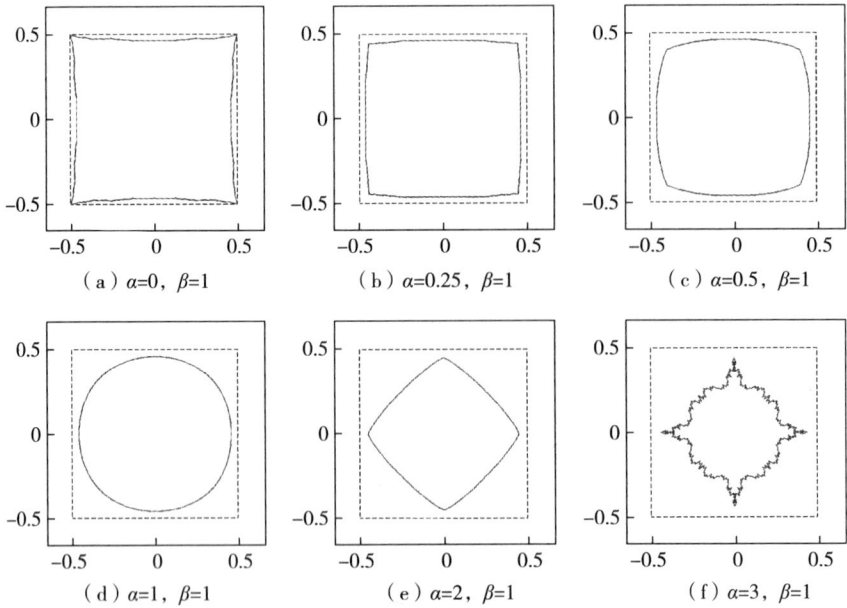

（a）α=0，β=1　　　　　（b）α=0.25，β=1　　　　　（c）α=0.5，β=1

（d）α=1，β=1　　　　　（e）α=2，β=1　　　　　（f）α=3，β=1

图 5-5　由带形状控制参数（固定 β 值和不同 α 值）

的三重融合细分方法生成的极限曲线

在图 5-5 中，固定 β 值（$\beta = 1$），满足逼近条件，即生成的细分曲线不通过初始控制顶点，此时 α 值则可控制细分曲线与初始控制网格的距离，当 $0 < \alpha \leqslant 1$ 时，α 值越小，生成的逼近细分曲线越靠近初始控制网格，如图 5-5 中（a）至（d）所示。当 $\alpha > 1$ 时，生成的细分曲线如图 5-5 中（e）至（f）所示。

如果对每一次细分采用不同的控制参数 α^k，β^k，给定初始控制顶点 $P_i^0(i = 1, 2, \cdots, n)$ 以及参数 α^k，β^k，细分曲线第 $k + 1$ 层的顶点由式（5-27）递推得到：

$$\begin{cases} P'^{k+1}_{3i} = a_0^k P_{i-1}^k + a_1^k P_i^k + a_0^k P_{i+1}^k \\ P'^{k+1}_{3i+1} = b_0^k P_{i-1}^k + b_1^k P_i^k + b_2^k P_{i+1}^k + b_3^k P_{i+2}^k \\ P'^{k+1}_{3i+2} = b_3^k P_{i-1}^k + b_2^k P_i^k + b_1^k P_{i+1}^k + b_0^k P_{i+2}^k \end{cases} \tag{5-27}$$

其中，

$$\begin{cases} a_0^k = \dfrac{4}{27}\alpha^k, \ a_1^k = 1 - \dfrac{8}{27}\alpha^k \\[2mm] b_0^k = \dfrac{1}{27} - \dfrac{1}{27}(1 - \beta^k)(\omega + 1) \\[2mm] b_1^k = \dfrac{16}{27} + \dfrac{1}{27}(1 - \beta^k)(2 + 2\omega - \upsilon) \\[2mm] b_2^k = \dfrac{10}{27} + \dfrac{1}{27}(1 - \beta^k)(-1 - \omega + 2\upsilon) \\[2mm] b_3^k = -\dfrac{1}{27}(1 - \beta^k)\upsilon \end{cases}$$

图 5-6 给出了取不同控制参数生成的融合细分曲线的例子。已知由 10 个控制顶点构成的初始控制网格，如图 5-6 中的（a）所示。（b）和（c）生成的是标准的插值和逼近细分。（d）至（i）生成的是不同控制参数影响下的细分曲线。可见，细分曲线的形状很容易通过调节参数 α^k，β^k 来控制。

通过选用不同控制参数，融合曲线能够方便地进行局部插值。图 5-7 给出了螺旋线局部插值的例子。其中图 5-7 的（a）和（b）生成的是标准的插值细分和逼近细分曲线。（c）和（d）生成的是局部插值的例子。

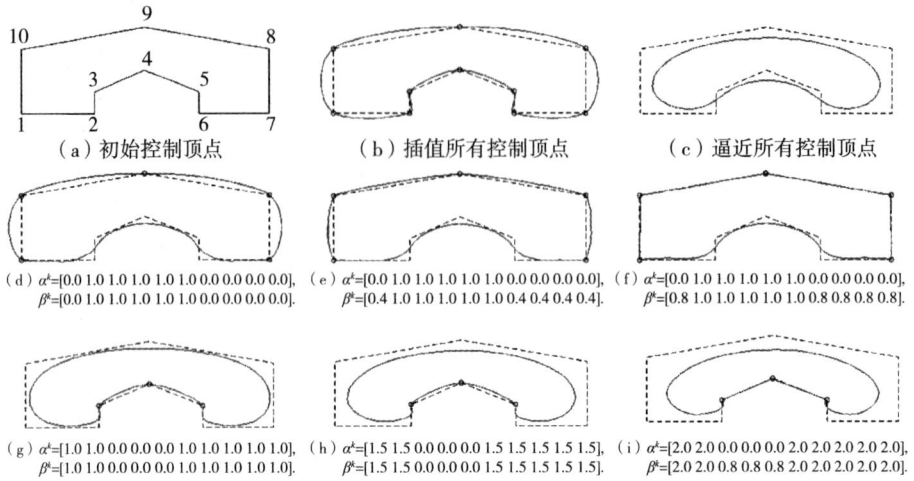

（a）初始控制顶点　　　　　　（b）插值所有控制顶点　　　　　　（c）逼近所有控制顶点

（d）α^k=[0.0 1.0 1.0 1.0 1.0 1.0 0.0 0.0 0.0 0.0 0.0 0.0],
β^k=[0.0 1.0 1.0 1.0 1.0 1.0 0.0 0.0 0.0 0.0 0.0 0.0].

（e）α^k=[0.0 1.0 1.0 1.0 1.0 1.0 0.0 0.0 0.0 0.0 0.0 0.0],
β^k=[0.4 1.0 1.0 1.0 1.0 1.0 0.4 0.4 0.4 0.4].

（f）α^k=[0.0 1.0 1.0 1.0 1.0 1.0 0.0 0.0 0.0 0.0 0.0],
β^k=[0.8 1.0 1.0 1.0 1.0 1.0 0.8 0.8 0.8 0.8].

（g）α^k=[1.0 1.0 0.0 0.0 0.0 0.0 1.0 1.0 1.0 1.0 1.0],
β^k=[1.0 1.0 0.0 0.0 0.0 0.0 1.0 1.0 1.0 1.0].

（h）α^k=[1.5 1.5 0.0 0.0 0.0 0.0 1.5 1.5 1.5 1.5 1.5],
β^k=[1.5 1.5 0.0 0.0 0.0 0.0 1.5 1.5 1.5 1.5].

（i）α^k=[2.0 2.0 0.0 0.0 0.0 0.0 2.0 2.0 2.0 2.0 2.0],
β^k=[2.0 2.0 0.0 0.8 0.8 0.8 2.0 2.0 2.0 2.0].

图 5-6　取不同控制参数生成的融合细分曲线的例子

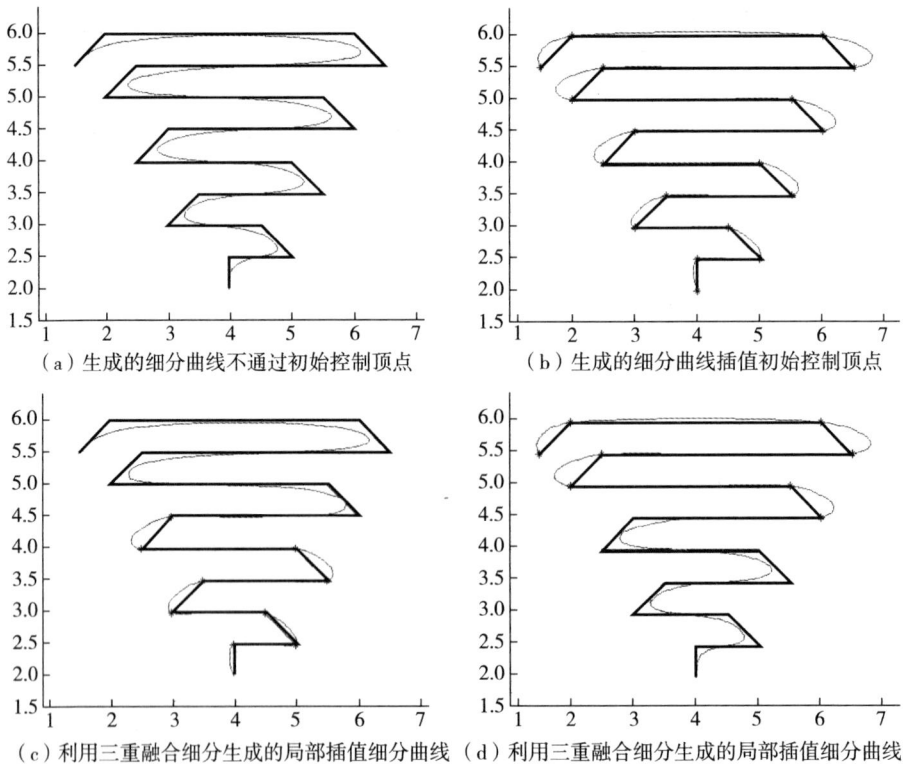

（a）生成的细分曲线不通过初始控制顶点　　　（b）生成的细分曲线插值初始控制顶点

（c）利用三重融合细分生成的局部插值细分曲线　（d）利用三重融合细分生成的局部插值细分曲线

图 5-7　螺旋线局部插值的例子

根据对初始控制网格顶点选取不同的控制参数，还可以根据需要调整细分曲线的局部形状，实现对曲线的变形操作。图 5-8 是利用不同的权值参数生成的一系列不同的细分曲线。

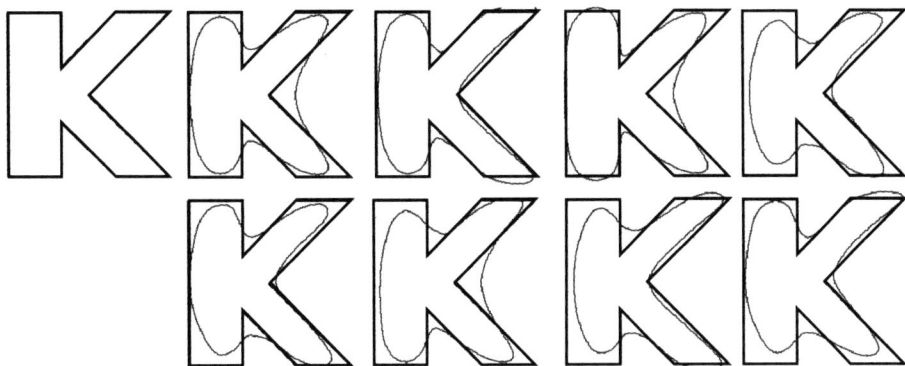

图 5-8　参数控制曲线变形实例

5.5　融合细分曲线计算代价评估

三重融合细分方法和 Lin 等（2008）的方法都是采用 4 参数模式，每生成一个新的顶点位置，都需要 4 个相邻的旧顶点，而本方法生成的细分曲线极限能够达到 C^2 连续。如果利用二重细分方法生成具有 C^2 连续的细分曲线往往需要 6 个旧顶点计算一个新点（Weissman，1990）。以下就融合细分曲线的计算代价与六点二重细分方法进行比较。

在给定细分权值参数的情况下，对于六点细分方法，每生成一个新的顶点需要 6 次乘法运算和 5 次加法运算，一共是 11 次浮点数运算；三重融合细分方法每生成一个新的顶点则需要 4 次乘法运算和 3 次加法运算，一共是 7 次浮点运算。但是对于每一步细分，三重细分方法插入两个新点，而二重细分方法只插入一个新点。假设初始控制顶点个数为 n，经过多次细分近似得到 kn 个新的顶点，那么利用六点二重细分方法所需的浮点运算量为：

$$cost_{binary} = 11(2^{\lceil \log_2 k \rceil} - 1)n \qquad (5-28)$$

对于三重细分方法需要的浮点运算量为：

$$cost_{ternary} = 7(3^{\lceil \log_3 k \rceil} - 1)n \tag{5-29}$$

以 $cost/n$ 来比较两者的计算开销，利用 Matlab 计算结果如图 5-9 所示，随着 k 的增大，三重融合细分方法的计算开销低于二重六点细分方法。

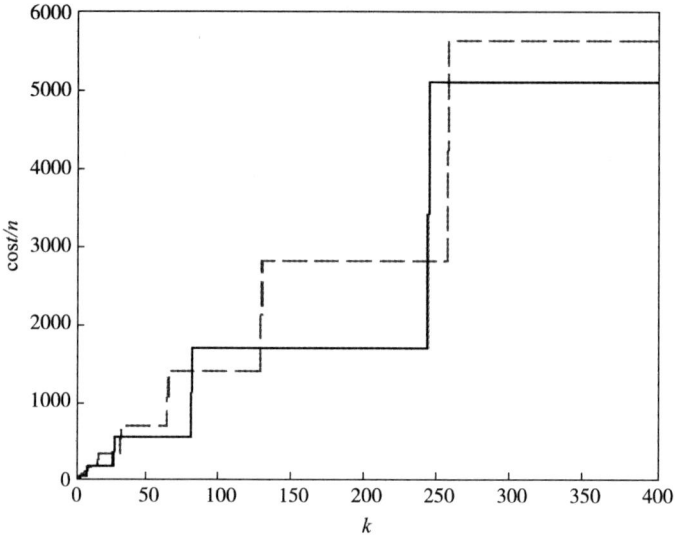

图 5-9　三重细分方法与二重六点细分方法计算开销对比

注：实线表示三重细分方法，虚线表示二重六点细分方法。

5.6　本章小结

本章基于细分方法的几何规则，找到了现存的插值型细分和逼近型细分之间的内在联系，建立了融合细分方法的统一计算框架。实现三重融合细分模式，生成的细分曲线可达到 C^2 连续。利用提出的融合细分模式实现了不需要反求控制顶点或解方程组就能得到局部插值的细分曲线，还可以生成介于插值细分曲线和逼近细分曲线之间的极限曲线。通过添加权值控制参数，可方便修改细分曲线的形状，生成用户指定的曲线形状。与二重细分方法相比，为取得相同的连续性，提出的三重融合细分方法计算开销更小。

6 面向普适终端的三重细分曲面

二重细分方法，如 Catmull-Clark 细分方法和 Loop 细分方法在构造奇异点周围的细分曲面形状不能很好地保证连续性和光滑性。因此，本章提出一种有界曲率的快速收敛的三重细分方法，方法适用于任意拓扑的四边形网格结构。通过 1-9 分裂算子，给出了规则点处的细分模板，并通过 Fourier 分析，给出了非规则点处的细分模板。通过特征值和特征映射分析，生成的三重细分曲面能够达到 C^2 连续，在非规则点处达到 C^1，细分曲面收敛速度快，适合于面向普适终端的显示，保证了在不同显示精度下几何模型的光滑性。

6.1 研究背景

在曲面的连续性方面，Catmull-Clark 细分方法生成极限曲面可达到 C^2 连续，但为取得高阶光滑性，二重细分极限曲面相对于初始控制网格来说，其收缩性特别明显。目前，在奇异点处具有高阶光滑性的细分方法也不多，这是由于二重插值细分方法很难取得较高的光滑性，因此我们从三重细分方法出发，希望能够取得易于控制并具有高阶光滑的细分曲面。

细分曲面是通过网格分裂操作不断得到光滑的极限曲面。Doo-Sabin 细分、Catmull-Clark 细分和 Loop 细分方法都是 1-4 分裂，即每次细分对每个面只插入一个新的面点，对每条边只插入一个新的边点，被称为二重细分曲面。Reif 等（2006）通过对奇异点邻域细分形状进行分析，指出二重细分难以在奇异点邻域生成光滑的细分曲面，这是因为二重细分曲面是无界曲率。因此，研究人员在此基础上探讨三重细分方法，即能够在每次细分插入顶点的数量增加，以便更好地控制细分曲面的形状，并能获得高阶光滑性。Li 等（2006）提出了一种插值型的三重细分方法。Ni 等（2007）提出调和三重细分方法，Ling 等（2009）提出了针对三角网格的三重 Butterfly 细分方法。Rehan 等（2015）给出了一组关于三重细分的曲线形式。对于三重细分曲面的研究较少，特别是对奇异点处的讨论不多。本章采用 1-9 分裂算子，给出一种构造三重细分曲面的方法，规则点处的细分曲面极限是双三次 B 样条曲面。非规则点处的细分曲面模板通过对规则点处细分模板的 Fourier 分析得到，在非规则点处得到有界曲率。由于采用 1-9 分裂算子，三重细分曲面的收敛速度比二重细分曲面更快，更适合需要快速造型的移动设备使用。同时细分曲面的极限曲面能够取得达到 C^2 连续，非常适合于处理数据量大的网格模型。

6.2　快速收敛的三重细分曲面

对于三重细分方法，其拓扑规则和几何规则与二重细分方法不同，定义为：给定初始控制网格 M^0，记初始控制顶点集合为 $V^0 = \{v_i^0 \in R, i \in Z\}$，经过一次三重细分后，得到新的控制网格 M^1，以及新的控制顶点集合 $V^1 = \{v_i^1 \in R, i \in Z\}$。

（1）拓扑规则。对于三重细分方法，采用的是 1-9 分裂操作，如图 6-1 所示。每一次细分之后，对于每个初始控制顶点，移动到新的位置，称为 V-顶点；对于每一条边，生成 2 个新的边点，称为 E-顶点；对于每一个面，生成四个新的面点，称为 F-顶点。考虑到对称性，只需要一个 V-顶点、一个 E-顶点和一个 F-顶点的细分计算模板即可。

（2）几何规则。不失一般性，假设 v_0^0 为初始控制网格 M^0 中任意一控制顶点，该控制顶点的价为 n，与之相邻的边点记为 e_j^0，且 $(j = 1, 2, \cdots, n)$，与之相邻的面点记为 f_j^0，且 $(j = 1, 2, \cdots, n)$，如图 6-2（a）所示。三重细分方法的几何规则可看作由以下三个步骤求得：

1）对于与 v_0^0 相邻的每一条边，分别插入一个新的控制边点 $e_j^1 (j = 1, 2, \cdots, n)$，如图 6-2（a）所示，其中：

$$e_j^1 = \frac{2}{3} v_0^0 + \frac{1}{3} e_j^0 \tag{6-1}$$

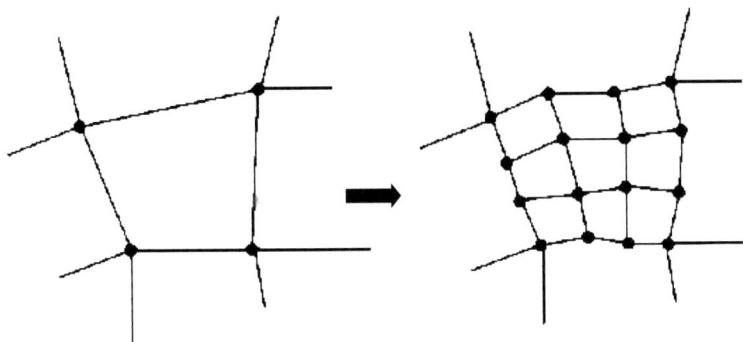

图 6-1 三重细分方法的拓扑规则

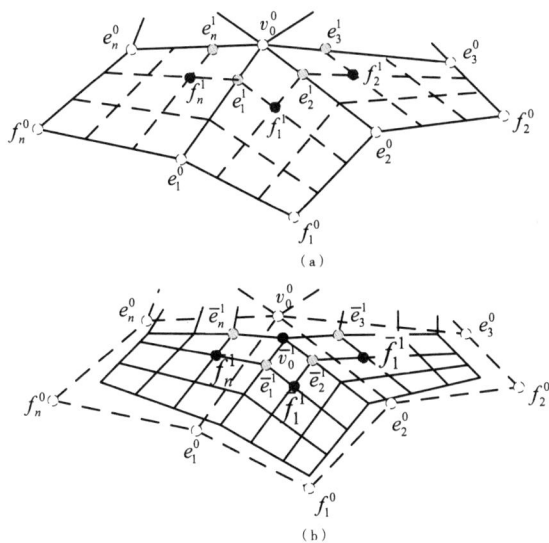

图 6-2 三重细分方法的几何规则

2）对于与 v_0^0 相邻的每一个面，分别插入一个新的控制面点 $f_j^1(j = 1$，2，$\cdots$，n），如图 6-2（a）所示，其中：

$$f_j^1 = \frac{4}{9}v_0^0 + \frac{2}{9}e_j^0 + \frac{2}{9}e_{j+1}^0 + \frac{1}{9}f_j^0 \qquad (6-2)$$

3）根据具体给定的细分计算公式进行以下操作：将旧控制顶点 v_0^0 移动到新的位置 $\bar{v}_0^1$，位移为 D_0^V；将 e_j^1 和 f_j^1 分别移动到新的位置 $\bar{e}_j^1$ 和 $\bar{f}_j^1$，位移分

105

别为 D_j^E 和 D_j^F，如图6-2（b）所示。一般地，位移 D_0^V、D_j^E 和 D_j^F 是旧控制顶点 V_0^0 和相邻的边点及面点的位置加权线性组合。

根据上述拓扑规则和几何规则进行迭代计算，就可以生成新的三重细分曲面。其中，最为关键的步骤即如何构造位移 D_0^V、D_j^E 和 D_j^F，使之满足应用需要以及连续性条件。D_0^V、D_j^E 和 D_j^F 是由旧顶点及其相邻顶点的线性组合构成。

6.2.1 规则顶点处的位移算子

对于四边形控制网格，如果顶点的价为4，则称该顶点为规则顶点，否则称之为非规则点或奇异点。与传统推导细分方法不同，细分曲面是通过计算每次细分顶点的位移量来得出的。张量积形式的双三次B样条曲面可记为：

$$S(u, v) = UMPM^TV \tag{6-3}$$

其中，$U = (u^3 u^2 u^1)$，$V = (v^3 v^2 v^1)^T$，并且

$$M = \frac{1}{6}\begin{pmatrix} -1 & 3 & -3 & 1 \\ 3 & -6 & 3 & 0 \\ -3 & 0 & 3 & 0 \\ 1 & 4 & 1 & 0 \end{pmatrix}, \quad P = \frac{1}{6}\begin{pmatrix} P_{11} & P_{12} & P_{13} & P_{14} \\ P_{21} & P_{22} & P_{23} & P_{24} \\ P_{31} & P_{32} & P_{33} & P_{34} \\ P_{41} & P_{42} & P_{43} & P_{44} \end{pmatrix}$$

令 $\bar{u} = \frac{u}{3}$，$\bar{v} = \frac{v}{3}$，$G = \frac{1}{6}\begin{pmatrix} 1/27 & 0 & 0 & 0 \\ 0 & 1/9 & 0 & 0 \\ 0 & 0 & 1/3 & 0 \\ 0 & 0 & 0 & 1 \end{pmatrix}$，双三次B样条曲面则

表示为：

$$S(\bar{u}, \bar{v}) = UGMPM^TGV \tag{6-4}$$

因此，新的细分控制顶点 $\bar{P}$ 可由式（6-5）推出：

$$\bar{P} = [M^{-1}GM]P[M^TG(M^T)^{-1}] = HPH^T \tag{6-5}$$

其中，$H = \dfrac{1}{27}\begin{pmatrix} 10 & 16 & 1 & 0 \\ 4 & 19 & 4 & 0 \\ 1 & 16 & 10 & 0 \\ 0 & 10 & 16 & 1 \end{pmatrix}$。进一步，观察矩阵 H 发现，

$$H = \frac{1}{3}\begin{pmatrix} 1 & 2 & 0 & 0 \\ 0 & 1 & 0 & 0 \\ 0 & 2 & 1 & 0 \\ 0 & 1 & 2 & 0 \end{pmatrix} + \frac{1}{27}\begin{pmatrix} 1 & -2 & 1 & 0 \\ 4 & -8 & 4 & 0 \\ 1 & -2 & 1 & 0 \\ 0 & 1 & -2 & 1 \end{pmatrix} \tag{6-6}$$

三重细分曲线的位移算子为：

$$\Delta_i^0 = \frac{1}{27}P_{i-1}^0 - \frac{2}{27}P_i^0 + \frac{1}{27}P_{i+1}^0 \tag{6-7}$$

因此，三重细分曲面的位移算子可理解为是曲线位移算子的张量积形式。假设初始控制网格中除边界外其余顶点都是规则顶点，即顶点的价为 4。对于给定初始控制网格中的任一顶点 $P_{i,j}$，我们定义三重细分曲面的位移算子如图 6-3 所示，其中 $a_0 = 1/27$，$a_1 = -2/27$，$a_{ij} = a_i \cdot a_j$，$i, j = \{0, 1\}$。记 $L_{i,j}^0$、$M_{i,j}^0$ 和 $F_{i,j}^0$ 分别表示三种位移算子，即

$$\begin{cases} L_{i,j}^0 = a_0 P_{i-1,j}^0 - a_1 P_{i,j}^0 + a_0 P_{i+1,j}^0 \\ M_{i,j}^0 = a_0 P_{i,j-1}^0 - a_1 P_{i,j}^0 + a_0 P_{i,j+1}^0 \\ F_{i,j}^0 = L_{i,j}^0 \cdot M_{i,j}^0 \end{cases} \tag{6-8}$$

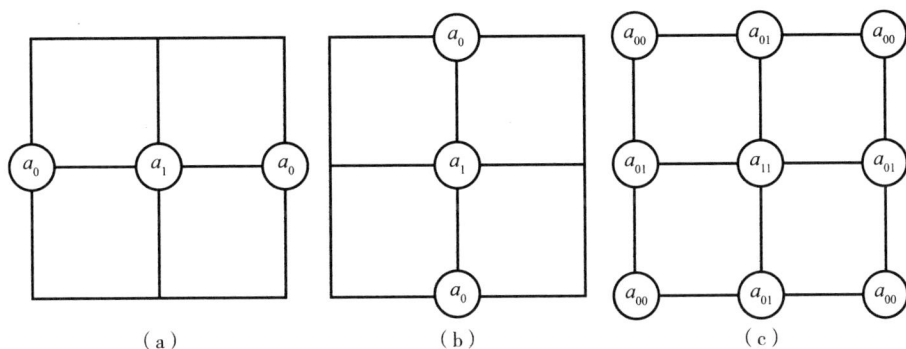

图 6-3 三重细分曲面在规则点处的位移算子系数

根据位移算子，可推出双三次 B 样条曲面的细分方法。

给定初始控制网格中任意顶点 $P_{i,j}^0$，第一步：分别在 $P_{i,j}^0$ 和 $P_{i+1,j}^0$ 以及 $P_{i,j}^0$ 和 $P_{i,j+1}^0$ 之间插入两个新点：$P_{3i+1,3j}^0 = (2P_{i,j}^0 + P_{i+1,j}^0)/3$，$P_{3i,3j+1}^0 = (2P_{i,j}^0 + P_{i,j+1}^0)/3$；在面 $(P_{i,j}, P_{i,j+1}, P_{i+1,j+1}, P_{i+1,j})$ 上插入一个新点：

$$P_{3i+1,3j+1}^0 = (4P_{i,j}^0 + 2P_{i+1,j}^0 + 2P_{i,j+1}^0 + P_{i+1,j+1}^0)/9 \tag{6-9}$$

第二步：将 $P_{i,j}^0$、$P_{3i+1,3j}^0$、$P_{3i,3j+1}^0$ 和 $P_{3i+1,3j+1}^0$ 移动到新位置 $P_{3i,3j}^1$、$P_{3i+1,3j}^1$、$P_{3i,3j+1}^1$ 和 $P_{3i+1,3j+1}^1$，其中对应的位移量分别记为 $D_{3i,3j}^V$、$D_{3i+1,3j}^E$、$D_{3i,3j+1}^E$ 和 $D_{3i+1,3j+1}^F$，其中：

$$D_{3i,3j}^V = 4L_{i,j}^0 + 4M_{i,j}^0 + 16F_{i,j}^0$$

$$D_{3i+1,3j}^E = L_{i,j}^0 + \frac{4}{3}(2M_{i,j}^0 + M_{i,j+1}^0) + 4F_{i,j}^0$$

$$D_{3i,3j+1}^E = M_{i,j}^0 + \frac{4}{3}(2L_{i,j}^0 + L_{i+1,j}^0) + 4F_{i,j}^0$$

$$D_{3i+1,3j+1}^F = \frac{1}{3}(2L_{i,j}^0 + L_{i+1,j}^0) + \frac{1}{3}(2M_{i,j}^0 + M_{i,j+1}^0) + 4F_{i,j}^0 \tag{6-10}$$

根据上述步骤就能得到新的控制网格顶点 $P_{3i,3j}^1$、$P_{3i+1,3j}^1$、$P_{3i,3j+1}^1$。根据对称性，交换 $P_{i,j}^0$ 和 $P_{i,j+1}^0$ 的位置就可以相应求出 $P_{3i,3j+2}^1$，交换 $P_{i,j}^0$ 和 $P_{i+1,j}^0$ 的位置就可以相应求出 $P_{3i+2,3j}^1$，将面 $(P_{i,j}, P_{i,j+1}, P_{i+1,j+1}, P_{i+1,j})$ 中顶点顺序循环改变，即可得到 $P_{3i+1,3j+2}^1$、$P_{3i+2,3j+2}^1$ 和 $P_{3i+2,3j+1}^1$，公式大致相似，此处不再赘述。

6.2.2 非规则点处的位移算子

为简化非规则顶点处的位移算子计算，对顶点标记，如图 6-4（a）所示，对于给定的初始控制网格 M_0 中任意一点 $P_{i,j}$，记 $P_{i,j} = v_{00}$。与顶点 $P_{i,j}$ 的共线或共面的相邻顶点几何记为 $B_k = (v_{k0}, v_{k1}, v_{k2})^T$，$v_{k0} = v_{00}$，$k = 0, 1, 2, \cdots, n-1$。以顶点 $P_{i,j}$ 为中心，一次细分生成的顶点记为 $\overline{B}_k =$

$(\bar{v}_{k0}, \bar{v}_{k1}, \bar{v}_{k2})^T$，$\bar{v}_{k0} = \bar{v}_{00}$，$k = 0, 1, 2, \cdots, n - 1$。

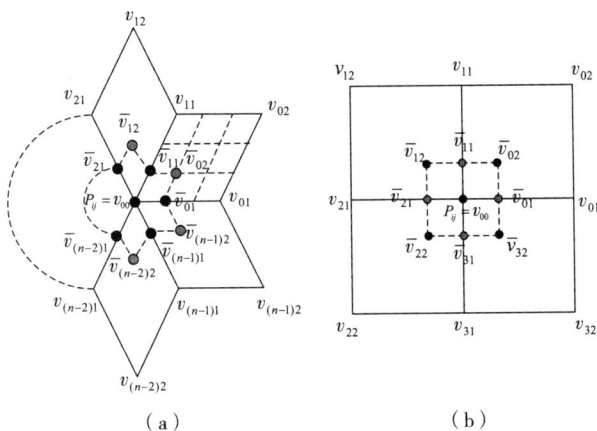

图 6-4 顶点 $P_{i,j}$ 的相邻顶点标记及经过一次细分后的顶点标记

注：（a）非规则顶点处的相邻顶点标记；（b）规则顶点的相邻顶点标记。

为了简化非规则点处细分模板的推导，我们对规则网格处位移算子进行傅里叶分解。当 $n = 4$ 时，顶点的标记如图 6-4（b）所示，由式（6-8）定义的位移算子 $L_{i,j}$、$M_{i,j}$ 和 $F_{i,j}$，另外加上 $G_{i,j} = (2M_{i,j}^0 + M_{i,j+1}^0)/3$ 和 $E_{i,j} = (2L_{i,j}^0 + L_{i+1,j}^0)/3$，写成矩阵形式，记为 $\overline{\Delta B_0}$，则有：

$$\overline{\Delta B_0} = \sum_{0 \leqslant k \leqslant n-1} W_k B_k, \quad k = 0, 1, 2, 3 \tag{6-11}$$

其中，

$$W_0 = \begin{bmatrix} \dfrac{a_1}{4} & a_0 & 0 \\[2mm] \dfrac{a_1}{4} & 0 & 0 \\[2mm] \dfrac{a_1}{6} & \dfrac{a_1}{3} & \dfrac{a_0}{3} \\[2mm] \dfrac{a_1}{6} & \dfrac{2a_0}{3} & \dfrac{a_0}{3} \\[2mm] \dfrac{a_{11}}{4} & a_{01} & a_{00} \end{bmatrix} \quad W_1 = \begin{bmatrix} \dfrac{a_1}{4} & 0 & 0 \\[2mm] \dfrac{a_1}{4} & a_0 & 0 \\[2mm] \dfrac{a_1}{6} & \dfrac{2a_0}{3} & 0 \\[2mm] \dfrac{a_1}{6} & \dfrac{a_1}{3} & \dfrac{a_0}{3} \\[2mm] \dfrac{a_{11}}{4} & a_{01} & a_{00} \end{bmatrix}$$

$$W_2 = \begin{bmatrix} \dfrac{a_1}{4} & a_0 & 0 \\[2mm] \dfrac{a_1}{4} & 0 & 0 \\[2mm] \dfrac{a_1}{6} & 0 & 0 \\[2mm] \dfrac{a_1}{6} & \dfrac{2a_0}{3} & 0 \\[2mm] \dfrac{a_{11}}{4} & a_{01} & a_{00} \end{bmatrix} \quad W_2 = \begin{bmatrix} \dfrac{a_1}{4} & & 0 \\[2mm] \dfrac{a_1}{4} & a_0 & 0 \\[2mm] \dfrac{a_1}{6} & \dfrac{2a_0}{3} & \dfrac{a_0}{3} \\[2mm] \dfrac{a_1}{6} & 0 & 0 \\[2mm] \dfrac{a_{11}}{4} & a_{01} & a_{00} \end{bmatrix}$$

对 W_0、W_1、W_2、W_3 进行离散 Fourier 变换:

$$\hat{W}_k = \sum_{0 \le j \le 3} W_j \omega^{jk} \quad \left(\omega = e^{-\frac{2\pi}{n}i},\ k = 0,\ 1,\ 2,\ 3,\ i = \sqrt{-1} \right) \quad (6\text{-}12)$$

则可以求出 $\hat{W}_0$、$\hat{W}_1$、$\hat{W}_2$、$\hat{W}_3$ 分别为:

$$\hat{W}_0 = \begin{bmatrix} a_1 & 2a_0 & 0 \\[2mm] a_1 & 2a_0 & 0 \\[2mm] \dfrac{2a_1}{3} & \dfrac{4a_0 + a_1}{3} & \dfrac{2a_0}{3} \\[2mm] \dfrac{2a_1}{3} & \dfrac{4a_0 + a_1}{3} & \dfrac{2a_0}{3} \\[2mm] a_{11} & 4a_{01} & 4a_{00} \end{bmatrix} \quad \hat{W}_1 = \begin{bmatrix} 0 & 0 & 0 \\[2mm] 0 & 0 & 0 \\[2mm] 0 & \dfrac{a_1}{3} & \dfrac{(1-i)a_0}{3} \\[2mm] 0 & \dfrac{a_1}{3}i & \dfrac{(1+i)a_0}{3} \\[2mm] 0 & 0 & 0 \end{bmatrix}$$

$$\hat{W}_2 = \begin{bmatrix} 0 & 2a_0 & 0 \\[2mm] 0 & -2a_0 & 0 \\[2mm] 0 & \dfrac{a_1 - 4a_0}{3} & 0 \\[2mm] 0 & \dfrac{-a_1 + 4a_0}{3} & 0 \\[2mm] 0 & 0 & 0 \end{bmatrix} \quad \hat{W}_3 = \begin{bmatrix} 0 & 0 & 0 \\[2mm] 0 & 0 & 0 \\[2mm] 0 & \dfrac{a_1}{3} & \dfrac{(1+i)a_0}{3} \\[2mm] 0 & -\dfrac{a_1}{3}i & \dfrac{(1-i)a_0}{3} \\[2mm] 0 & 0 & 0 \end{bmatrix}$$

为保证当 $n = 4$,W_k($k = 0,\ 1,\ 2,\ \cdots,\ n - 1$)满足上述傅里叶分解的条

件，对于任意 n 需要令 $\overline{W}_k$ 的傅里叶系数 $\hat{\overline{W}}_k$ 满足下列条件：

当 $n = 3$：$\hat{\overline{W}}_0 = \hat{W}_0$，$\hat{\overline{W}}_1 = \hat{W}_1$，$\hat{\overline{W}}_2 = \hat{W}_3$。

当 $n \geqslant 4$：$\hat{\overline{W}}_0 = \hat{W}_0$，$\hat{\overline{W}}_1 = \hat{W}_1$，$\hat{\overline{W}}_{n-1} = \hat{W}_3$，$\hat{\overline{W}}_i = \hat{W}_2$，$2 \leqslant i \leqslant n - 2$。

利用傅里叶逆变换：

$$\overline{W}_k = \frac{1}{n} \sum_{0 \leqslant j \leqslant n-1} \hat{\overline{W}}_j \omega^{-kj}, \qquad \omega = e^{-\frac{2\pi}{n}i}, \ k = 0, 1, \cdots, n - 1 \qquad (6\text{-}13)$$

即可得到 W_k：

$$W_0 = \frac{1}{n} \begin{bmatrix} a_1 & 2(n-2)a_0 & 0 \\[2mm] a_1 & 2(4-n)a_0 & 0 \\[2mm] \dfrac{2a_1}{3} & \dfrac{16a_0 + (a_1 - 4a_0)n}{3} & \dfrac{4a_0}{3} \\[3mm] \dfrac{2a_1}{3} & \dfrac{4(a_1 - 2a_0) + (a_1 - 4a_0)n}{3} & \dfrac{4a_0}{3} \\[3mm] a_{11} & 4a_{01} & 4a_{00} \end{bmatrix} \qquad (6\text{-}14)$$

$$W_k = \frac{1}{n} \begin{bmatrix} a_1 & -4a_0\cos\dfrac{2k\pi}{n} & 0 \\[3mm] a_1 & 4a_0\left(1 + \cos\dfrac{2k\pi}{n}\right) & 0 \\[3mm] \dfrac{2a_1}{3} & \dfrac{8a_0}{3}\left(1 + \cos\dfrac{2k\pi}{n}\right) & \dfrac{2a_0}{3}\left(1 + \cos\dfrac{2k\pi}{n} - \sin\dfrac{2k\pi}{n}\right) \\[3mm] \dfrac{2a_1}{3} & \dfrac{2a_1}{3}\left(1 + \sin\dfrac{2k\pi}{n}\right) + \left(\dfrac{2a_1 - 8a_0}{3}\right)\cos\dfrac{2k\pi}{n} & \dfrac{2a_0}{3}\left(1 + \cos\dfrac{2k\pi}{n} + \sin\dfrac{2k\pi}{n}\right) \\[3mm] a_{11} & 4a_{01} & 4a_{00} \end{bmatrix}$$

$$(6\text{-}15)$$

利用傅里叶分析的方法，推出了非规则顶点处的位移算子，其中包括五个位移算子分别对应于规则顶点处的 $L_{i,j}$、$M_{i,j}$、$F_{i,j}$、$G_{i,j}$ 和 $E_{i,j}$。因此，对于初始控制网格中任意一非规则顶点 v_0，与之共线或共面的相邻为顶

点 v_1, v_2, $\cdots$, v_{2n}, 则三重细分曲面的位移算子可表示为：

（1）非规则点处的 L 位移算子（对应于规则点处 $L_{i,j}$），记为 $L = l_i v_i$，$i = 0$, 1, $\cdots$, $2n$，其中系数 l_i 为：

$$
\begin{cases}
l_0 = -\dfrac{2}{27}, \quad l_1 = \dfrac{2(n-2)}{27n}, \quad l_2 = 0 \\[2mm]
l_{2k+1} = -\dfrac{4}{27n}\cos\dfrac{2k\pi}{n}, \quad k = 0, 1, 2, \cdots, n-1 \\[2mm]
l_{2k+2} = 0, \quad k = 0, 1, 2, \cdots, n-1
\end{cases}
$$

$$(6-16)$$

（2）非规则点处的 M 位移算子（对应于规则点处 $M_{i,j}$），记为 $M = m_i v_i$，$i = 0$, 1, $\cdots$, $2n$，其中系数 m_i 为：

$$
\begin{cases}
m_0 = -\dfrac{2}{27}, \quad m_1 = \dfrac{2(4-n)}{27n}, \quad m_2 = 0 \\[2mm]
m_{2k+1} = \dfrac{4}{27n}\left(1 + \cos\dfrac{2k\pi}{n}\right), \quad k = 0, 1, 2, \cdots, n-1 \\[2mm]
m_{2k+2} = 0, \quad k = 0, 1, 2, \cdots, n-1
\end{cases}
$$

$$(6-17)$$

（3）非规则点处的 F 位移算子（对应于规则点处 $F_{i,j}$），记为 $F = f_i v_i$，$i = 0$, 1, $\cdots$, $2n$，其中系数 f_i 为：

$$
\begin{cases}
f_0 = \dfrac{4}{729}, \quad f_1 = -\dfrac{8}{729n}, \quad f_2 = \dfrac{4}{729n} \\[2mm]
f_{2k+1} = -\dfrac{8}{729n}, \quad k = 0, 1, 2, \cdots, n-1 \\[2mm]
f_{2k+2} = \dfrac{4}{729n}, \quad k = 0, 1, 2, \cdots, n-1
\end{cases}
$$

$$(6-18)$$

（4）非规则点处的 G 位移算子（对应于规则点处 $G_{i,j}$），记为 $G = g_i v_i$，$i = 0$, 1, $\cdots$, $2n$，其中系数 g_i 为：

$$\begin{cases} g_0 = -\dfrac{4}{81}, \qquad g_1 = \dfrac{2(8-3n)}{81n}, \qquad g_2 = \dfrac{4}{81n} \\[3mm] g_{2k+1} = \dfrac{8}{81n}\left(1 + \cos\dfrac{2k\pi}{n}\right), \qquad k = 0,\ 1,\ 2,\ \cdots,\ n-1 \\[3mm] g_{2k+2} = \dfrac{2}{81n}\left(1 + \cos\dfrac{2k\pi}{n} - \sin\dfrac{2k\pi}{n}\right), \qquad k = 0,\ 1,\ 2,\ \cdots,\ n-1 \end{cases}$$

$$(6\text{-}19)$$

（5）非规则点处的 E 位移算子（对应于规则点处 $E_{i,j}$），记为 $E = e_i v_i$，$i = 0,\ 1,\ \cdots,\ 2n$，其中系数 e_i 为：

$$\begin{cases} e_0 = -\dfrac{4}{81}, \qquad e_1 = -\dfrac{2(8-3n)}{81n}, \qquad e_2 = \dfrac{4}{81n} \\[3mm] e_{2k+1} = -\dfrac{4}{81n}\left(1 + 3\cos\dfrac{2k\pi}{n} + \sin\dfrac{2k\pi}{n}\right), \qquad k = 0,\ 1,\ 2,\ \cdots,\ n-1 \\[3mm] e_{2k+2} = \dfrac{2}{81n}\left(1 + \cos\dfrac{2k\pi}{n} + \sin\dfrac{2k\pi}{n}\right), \qquad k = 0,\ 1,\ 2,\ \cdots,\ n-1 \end{cases}$$

$$(6\text{-}20)$$

6.3　三重细分曲面

三重细分曲面的初始控制网格为四边形网，采用 1-9 四边形分裂算子生成新网格的拓扑，对于每一个网格面，每执行一次细分步骤，则生成三类顶点：V-顶点、E-顶点和 F-顶点。对于每一网格面，生成四个 V-顶点、八个 E-顶点和四个 F-顶点。规则点处的细分模板可由双三次 B 样条曲面的表达式直接给出。在非规则点处，可通过位移算子的线性组合来计算顶点的偏移量，从而得到非规则点处的细分模板。

6.3.1　规则点处的细分模板

根据式（6-5），可直接得到三重细分曲面规则点处的细分模板，拓扑规则如图 6-5（a）所示。根据对称性，计算 V-顶点、E-顶点和 F-顶点各需要一个模板即可，其几何规则及顶点的相应系数如图 6-5（b）至（d）所示。

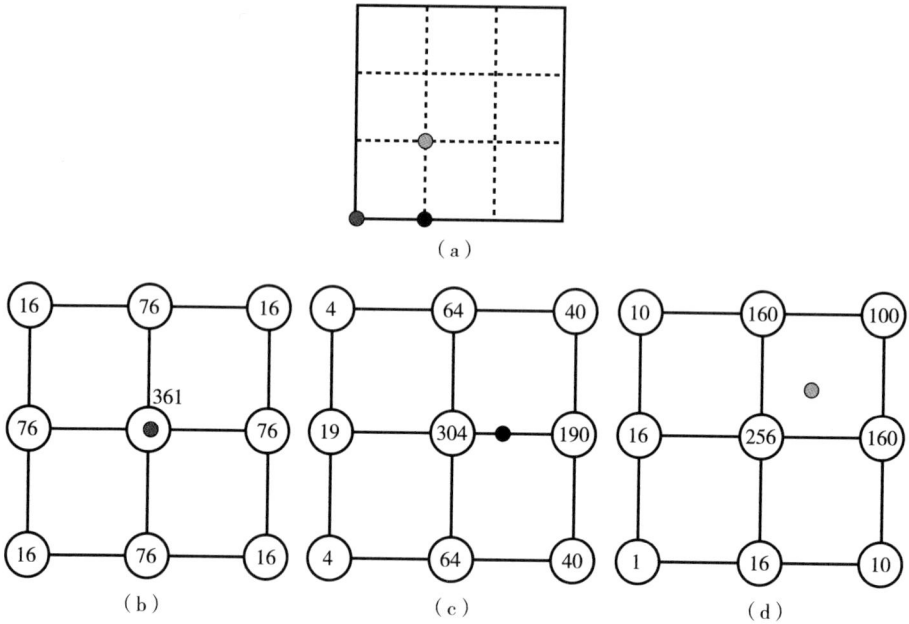

图 6-5　三重细分模板

注：（a）1-9 拓扑规则，实心圆点为新产生的顶点；（b）V-顶点计算模板；（c）E-顶点计算模板；（d）F-顶点计算模板。

6.3.2　非规则点处的细分模板

在上文中给出了三重细分曲面的拓扑规则和几何规则，因此三重细分方法的推导方法如下：

假设 v_0^0 为初始控制网格 M^0 中任意一控制顶点，顶点的价为 n，与之共线或者共面的相邻顶点记为 $v_{0,i}^0 (i = 1, 2, \cdots, 2n)$，且有 $v_0^0 = v_{0,0}^0$，如图 6-6（a）所示。规定所有 $v_{0,i}^0$ 是以逆时针的顺序排列，因此顶点 $v_{0,2k+1}^0$ （$k = 0, 1, 2, \cdots, n - 1$）是与 $v_{0,0}^0$ 相邻的边点；顶点 $v_{0,2k+2}^0$（$k = 0, 1, 2, \cdots, n-1$）是与 $v_{0,0}^0$ 相邻的面点。

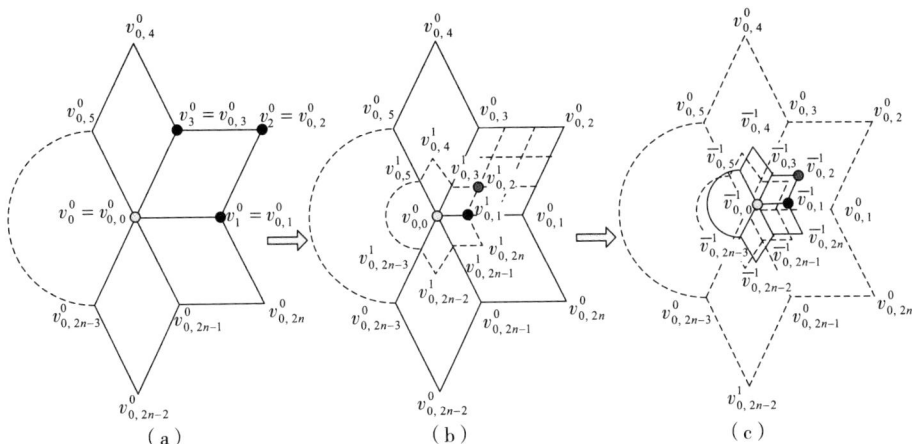

图6-6 三重细分在非规则点处的计算步骤及顶点标记

（1）对于与 v_0^0 相邻的任一条边 $e = (v_0^0, v_1^0)$，记 v_1^0 为起始相邻边（$v_1^0 = v_{0,1}^0$），插入一个新的控制边点 $v_{0,1}^1$，如图6-6（b）所示，其中：

$$v_{0,1}^1 = \frac{2}{3}v_0^0 + \frac{1}{3}v_1^0 \tag{6-21}$$

（2）对于与 v_0^0 相邻的任一个面 $f = (v_0^0, v_1^0, v_2^0, v_3^0)$，记该面为起始面（$v_1^0 = v_{0,1}^0$，$v_2^0 = v_{0,2}^0$，$v_3^0 = v_{0,3}^0$），插入一个新的控制面点 $v_{0,2}^1$，如图6-6（b）所示，其中：

$$v_{0,2}^1 = \frac{4}{9}v_0^0 + \frac{2}{9}v_1^0 + \frac{2}{9}v_2^0 + \frac{1}{9}v_3^0 \tag{6-22}$$

（3）将旧控制顶点 v_0^0 移动到新的位置 $\bar{v}_0^1$，位移为 D_{ap}^V；将 $v_{0,1}^1$ 和 $v_{0,2}^1$ 分别移动到新的位置 $\bar{v}_{0,1}^1$ 和 $\bar{v}_{0,2}^1$，位移分别为 D_{ap}^E 和 D_{ap}^F，如图6-6（c）所示，其中：

$$D_{ap}^V = 4\sum_{0 \leqslant i \leqslant 2n} l_i v_{0,i}^0 + 4\sum_{0 \leqslant i \leqslant 2n} m_i v_{0,i}^0 + 16\sum_{0 \leqslant i \leqslant 2n} f_i v_{0,i}^0$$

$$D_{ap}^E = \sum_{0 \leqslant i \leqslant 2n} l_i v_{0,i}^0 + 4\sum_{0 \leqslant i \leqslant 2n} g_i v_{0,i}^0 + 4\sum_{0 \leqslant i \leqslant 2n} f_i v_{0,i}^0$$

$$D_{ap}^F = \sum_{0 \leqslant i \leqslant 2n} g_i v_{0,i}^0 + \sum_{0 \leqslant i \leqslant 2n} e_i v_{0,i}^0 + \sum_{0 \leqslant i \leqslant 2n} f_i v_{0,i}^0 \tag{6-23}$$

重复上述三个步骤，对控制网格中所有顶点，所有边和所有面执行上述步骤，即可得到三重细分曲面，在规则顶点处生成的是双三次 B 样条曲面，因此细分曲面在规则点处可达到 C^2 连续。在非规则点处细分曲面可达到 C^1 连续，因此具有有界曲率。

6.4　三重细分曲面收敛和连续性分析

本节首先对三重细分曲面在规则点处的连续性进行分析，其次在非规则点处进行连续性分析。

6.4.1　规则点处的连续性分析

在前文中，我们证明了三重细分曲线在 $0 < \alpha < 1$，$1/5 < \mu < 1/3$ 时，

$$\left\| \frac{1}{3} S_1 \right\|_\infty, \ \left\| \frac{1}{3} S_2 \right\|_\infty, \ \left\| \frac{1}{3} S_3 \right\|_\infty < 1$$

满足 C^2 连续。其中，S_l，($l = 1, 2, 3$) 是对应 Laurent 多项式 $a_l(z)$，($l = 1, 2, 3$) 的细分规则。根据 Dyn（2002）、Zorin（1997）等的思路，给出三重细分方法在规则点处的连续性分析。在规则点处，三重细分曲面可表示为三重细分曲线的 Laurent 多项式的张量积形式：

$$H(z_1, z_2) = a(z_1) a(z_2) \tag{6-24}$$

其中，$a(z_1)$ 和 $a(z_2)$ 是由本书第五章中式（5-15）和式（5-16）定义。$H(z_1, z_2)$ 的系数 $\{h_{ij}\}$ 满足：

$$\sum h_{\tau_1 + 3\xi_1, \ \tau_2 + 3\xi_2} = \sum a_{\tau_1 + 3\xi_1, \ \tau_2 + 3\xi_2} = 1$$

其中，$0 \leq \tau_1, \tau_2 \leq 2$。

定理 6.1　令 S 为与式（6-24）给出的一般生成方程相对应的细分方法，并且 S_{10} 和 S_{01} 是对应一般生成方程 $3H(z_1, z_2)/(1 + z_k^{-1} + z_k^{-2})$ 的细分方法，其中，$k = 1, 2$。对于任意初始控制网格，如果 $S_{10}/3$ 和 $S_{01}/3$ 极限趋于 0，则 S 具有一致收敛性。进一步，如果 $H^{(l_1, \ l_2)}(z_1, z_2)$ 是 Laurent 多项式，且满足：

$$H(z_1,\ z_2) = H^{(l_1,\ l_2)}(z_1,\ z_2) \prod_{k=1,\ 2} 3^{-l_k}(1 + z_k^{-1} + z_k^{-2})^{l_k} \qquad (6\text{-}25)$$

那么，S 具有 $C^{l-1}(R^2)$ 的连续性。

定理 6.2 本书提出的三重细分曲面在规则点处能达到 C^2 连续。

证明：为证明细分曲面达到 C^2 连续，令 $(l_1,\ l_2) \in \{(1,\ 0),\ (1,\ 1),\ (2,\ 0),\ (2,\ 1),\ (3,\ 0)\}$，需对 $S_{l_1,\ l_2}$ 进行计算。令

$$\mu = \frac{4}{15} + \varepsilon$$

则由式（5-16）、式（5-18）、式（5-20）和式（5-22）定义的生成方程可记为：

$$g^{(l)}(z) = \widehat{g}^l(z) + \varepsilon \breve{g}^l(z),\quad l = 0,\ 1,\ 2,\ 3 \qquad (6\text{-}26)$$

因此，

$$
\begin{aligned}
H^{(l_1,\ l_2)}(z_1,\ z_2) &= (\widehat{g}^{l_1}(z_1) + \varepsilon \breve{g}^{l_1}(z_1))(\widehat{g}^{l_2}(z_2) + \varepsilon \breve{g}^{l_2}(z_2)) \\
&= \widehat{g}^{l_1}(z_1)\widehat{g}^{l_2}(z_2) + (\widehat{g}^{l_1}(z_1)\breve{g}^{l_2}(z_2) + \breve{g}^{l_1}(z_1)\widehat{g}^{l_2}(z_2))\varepsilon + \\
&\quad \breve{g}^{l_1}(z_1)\breve{g}^{l_2}(z_2)\varepsilon^2
\end{aligned}
$$

$$(6\text{-}27)$$

则有：

$$\left\| \frac{1}{3}S_{l_1 l_2} \right\|_\infty \leqslant \left\| \frac{1}{3}\widehat{S}_{l_1 l_2} \right\|_\infty + \left\| \frac{1}{3}\widehat{\breve{S}}_{l_1 l_2} \right\|_\infty \varepsilon + \left\| \frac{1}{3}\breve{S}_{l_1 l_2} \right\|_\infty \varepsilon^2$$

$$(6\text{-}28)$$

经过分析可得：

$$\left\| \frac{1}{3}S_{10} \right\|_\infty \leqslant 1;\quad \left\| \frac{1}{3}S_{11} \right\|_\infty \leqslant 1;\quad \left\| \left(\frac{1}{3}S_{20}\right)^2 \right\|_\infty \leqslant 1;$$

$$\left\| \left(\frac{1}{3}S_{21}\right)^2 \right\|_\infty \leqslant 1;\quad \left\| \left(\frac{1}{3}S_{30}\right)^3 \right\|_\infty \leqslant 1 \qquad (6\text{-}29)$$

因此，本书给出的三重细分在规则点处可达到 C^2 连续。

6.4.2 非规则点处的连续性分析

在奇异点处，可以通过验证该细分模式的细分矩阵的特征值是否满足

一个特定的分布，并且细分极限曲面上每个顶点的临近存在着一个局部的规则参数化来分析细分方法的连续性。

对于价为 n 的控制顶点 v_0^0，三重细分方法的计算模板需要用到两层与 v_0^0 相邻的顶点，如图6-7（a）所示。为简化计算，将这些相邻点分成 n 个扇形块 B_i^0，每一个块中包含7个顶点 $v_{i,0}^0$，$v_{i,1}^0$，$\cdots$，$v_{i,6}^0$（$i = 0$，1，$\cdots$，$n-1$），如图6-7（b）所示，即 $B_i^0 = (v_{i,0}^0, v_{i,1}^0, \cdots, v_{i,6}^0)^T$。经过一次细分后每个扇形块中生成的新的顶点记为 $B_i^1 = (v_{i,0}^1, v_{i,1}^1, \cdots, v_{i,6}^1)^T$（$i = 0$，$1$，$\cdots$，$n-1$）。则有 $B_0^1 = \sum_{0 \leqslant i \leqslant n-1} A_i B_i^0$，其中 A_i 是由上文中给出的计算新点时与 B_i^0 相对应的系数矩阵。令 $B^1 = (B_0^1, B_1^1, \cdots, B_{n-1}^1)^T$，$B^0 = (B_0^0, B_1^0, \cdots, B_{n-1}^0)^T$，则有 $B^1 = S_n B^0$，其中：

$$
S_n = \begin{bmatrix}
A_0 & A_1 & \cdots & A_{n-1} \\
A_{n-1} & A_0 & \cdots & A_{n-2} \\
\vdots & \vdots & \vdots & \vdots \\
A_1 & A_2 & \cdots & A_0
\end{bmatrix}
\tag{6-30}
$$

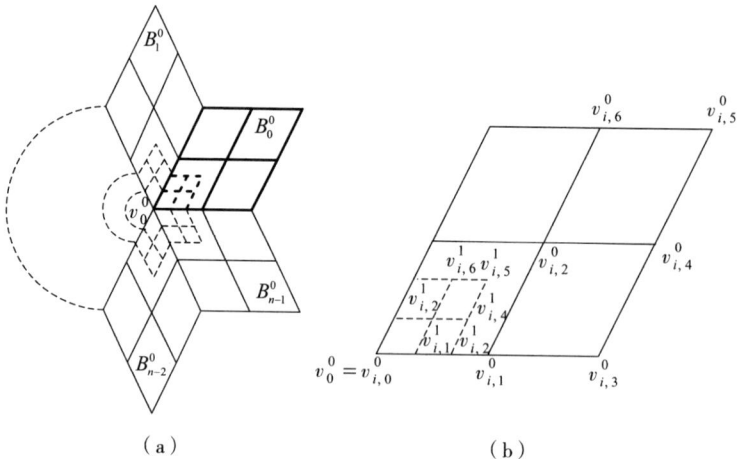

图6-7　细分矩阵 S_n 的构造

注：（a）将顶点划分成 n 个扇形块；（b）每个扇形块中顶点标记。

S_n 即为细分矩阵，是关于 A_i（$i = 0$，1，$\cdots$，$n-1$）的一个循环矩阵。该细分模式是一个均匀的静态细分，利用 Matlab 对 S_n（$n = 3$，4，$\cdots$，

100）进行数值计算和验证。此处给出价 n 分别为 3、4、5 时细分矩阵 S_n 和相应的特征值。由于 S_n 为循环矩阵，只需要给出 A_i（$i = 0,1,\cdots,n-1$）即可。

当 $n = 3$ 时，求得 A_0、A_1、A_2 以及 S_3 的特征值为：

```
A0 =
  0.3333333          0          0          0          0          0          0
  0.2555556  0.3679012          0 -0.0407407          0          0          0
  0.1959259  0.2792913  0.1124737 -0.0312346 -0.0140329  0.0016598 -0.0140329
  0.1148148  0.7802469          0 -0.0703704          0          0          0
  0.0880247  0.5963603  0.2549474 -0.0539506 -0.0242387  0.0028669 -0.0312346
  0.1959259  0.2882762  0.5792776 -0.0242387 -0.0539506  0.0049520 -0.0539506
  0.0880247  0.1642615  0.2549474 -0.0140329 -0.0312346  0.0028669 -0.0242387

A1 =
  0.3333333          0          0          0          0          0          0
  0.2555556 -0.0469136          0          0          0          0          0
  0.1959259  0.2177211 -0.0186786 -0.0312346  0.0028669          0          0
  0.1148148 -0.0271605          0          0          0          0          0
  0.0880247  0.0986197 -0.0067470 -0.0140329  0.0016598          0          0
  0.1959259  0.2251407 -0.0261545 -0.0242387  0.0028669          0          0
  0.0880247  0.4828497 -0.0492430 -0.0539506  0.0049520          0          0

A2 =
  0.3333333          0          0          0          0          0          0
  0.2555556 -0.0469136          0          0          0          0          0
  0.1959259 -0.0843512 -0.0186786          0          0          0  0.0028669
  0.1148148 -0.0271605          0          0          0          0          0
  0.0880247 -0.0413861 -0.0492430          0          0          0  0.0049520
  0.1959259 -0.0375870 -0.0261545          0          0          0  0.0028669
  0.0880247 -0.0607644 -0.0067470          0          0          0  0.0016598

>> eig (S)
ans =
  1.000000  0.3333335  0.3333335  0.1111106  0.0925930  0.0622552  0.0622552  0.0201519  0.0201519
  0.0123473  0.0111111  0.0111111  0.0102850  0.0085748  0.0037037  0.0032619  0.0032619  0.0002980
  0.0002980 -0.0000000 -0.0000000
```

当 $n = 4$ 时，求得 A_0、A_1、A_2、A_3 以及 S_4 的特征值为：

A0 =

0.2500000	0	0	0	0	0	0
0.1916667	0.3444445	0	-0.0407407	0	0	0
0.1469444	0.2640741	0.1186420	-0.0312346	-0.0140329	0.0016598	-0.0140329
0.0861111	0.7666667	0	-0.0703704	0	0	0
0.0660185	0.5877778	0.2640741	-0.0539506	-0.0242387	0.0028669	-0.0312346
0.1469444	0.2640741	0.5877778	-0.0242387	-0.0539506	0.0049520	-0.0539506
0.0660185	0.1186420	0.2640741	-0.0140329	-0.0312346	0.0028669	-0.0242387

A1 =

0.2500000	0	0	0	0	0	0
0.1916667	0	0	0	0	0	0
0.1469444	0.2640741	-0.0242387	-0.0312346	0.0028669	0	0
0.0861111	0	0	0	0	0	0
0.0660185	0.1186420	-0.0140329	-0.0140329	0.0016598	0	0
0.1469444	0.2640741	-0.0312346	-0.0242387	0.0028669	0	0
0.0660185	0.5877778	-0.0539506	-0.0539506	0.0049520	0	0

A2 =

0.2500000	0	0	0	0	0	0
0.1916667	-0.0703704	0	0	0	0	0
0.1469444	-0.0539506	0.0049520	0	0	0	0
0.0861111	-0.0407407	0	0	0	0	0
0.0660185	-0.0312346	0.0028669	0	0	0	0
0.1469444	-0.0140329	0.0016598	0	0	0	0
0.0660185	-0.0242387	0.0028669	0	0	0	0

A3 =

0.2500000	0	0	0	0	0	0
0.1916667	0	0	0	0	0	0
0.1469444	-0.0539506	-0.0242387	0	0	0	0.0028669
0.0861111	0	0	0	0	0	0
0.0660185	-0.0242387	-0.0539506	0	0	0	0.0049520
0.1469444	-0.0140329	-0.0312346	0	0	0	0.0028669
0.0660185	-0.0312346	-0.0140329	0	0	0	0.0016598

```
>> eig (S)
ans =
```

1.0000000	**0.3333335**	**0.3333332**	**0.1111111**	**0.1111109**	**0.1111104**	0.0925932	0.0925928	0.0370369
0.0370369	0.0308644	0.0308643	0.0123455	0.0111111	0.0111111	0.0102886	0.0102881	0.0085731
0.0037037	0.0037037	0.0012347	0.0012346	0.0010288	0.0010286	0.0001235	0.0000000	-0.0000000

0.0000000

当 $n = 5$ 时，求得 A_0、A_1、A_2、A_3、A_4 以及 S_5 的特征值为：

A0 =

0. 2000000	0	0	0	0	0	0
0. 1533333	0. 3303704	0	−0. 0407407	0	0	0
0. 1175556	0. 2590536	0. 1223429	−0. 0312346	−0. 0140329	0. 0016598	−0. 0140329
0. 0688889	0. 7585185	0	−0. 0703704	0	0	0
0. 0528148	0. 5793227	0. 2695501	−0. 0539506	−0. 0242387	0. 0028669	−0. 0312346
0. 1175556	0. 2538553	0. 5928779	−0. 0242387	−0. 0539506	0. 0049520	−0. 0539506
0. 0528148	0. 1049467	0. 2695501	−0. 0140329	−0. 0312346	0. 0028669	−0. 0242387

A1 =

0. 2000000	0	0	0	0	0	0
0. 1533333	0. 0173965	0	0	0	0	0
0. 1175556	0. 2590536	−0. 0257828	−0. 0312346	0. 0028669	0	0
0. 0688889	0. 0100717	0	0	0	0	0
0. 0528148	0. 1049467	−0. 0173133	−0. 0140329	0. 0016598	0	0
0. 1175556	0. 2538553	−0. 0322077	−0. 0242387	0. 0028669	0	0
0. 0528148	0. 5793227	−0. 0532451	−0. 0539506	0. 0049520	0	0

A2 =

0. 2000000	0	0	0	0	0	0
0. 1533333	−0. 0455447	0	0	0	0	0
0. 1175556	−0. 0087255	0. 0021697	0	0	0	0
0. 0688889	−0. 0263680	0	0	0	0	0
0. 0528148	0. 0022162	0. 0039015	0	0	0	0
0. 1175556	0. 0107174	−0. 0007470	0	0	0	0
0. 0528148	0. 0136914	−0. 0039357	0	0	0	0

A3 =

0. 2000000	0	0	0	0	0	0
0. 1533333	−0. 0455447	0	0	0	0	0
0. 1175556	−0. 0392295	0. 0021697	0	0	0	0
0. 0688889	−0. 0263680	0	0	0	0	0
0. 0528148	−0. 0305337	−0. 0039357	0	0	0	0
0. 1175556	−0. 0212166	−0. 0007470	0	0	0	0
0. 0528148	−0. 0305337	0. 0039015	0	0	0	0

```
A4 =
  0. 2000000          0          0          0          0          0          0
  0. 1533333  0. 0173965          0          0          0          0          0
  0. 1175556 -0. 0293153 -0. 0257828          0          0          0  0. 0028669
  0. 0688889  0. 0100717          0          0          0          0          0
  0. 0528148  0. 0069150 -0. 0532451          0          0          0  0. 0049520
  0. 1175556  0. 0067942 -0. 0322077          0          0          0  0. 0028669
  0. 0528148 -0. 0097042 -0. 0173133          0          0          0  0. 0016598
```

```
>> eig (S)
ans =
  0. 9999998  0. 3333332  0. 3333331  0. 1111116  0. 1111109  0. 1111103  0. 1054051  0. 1054035  0. 0925933
  0. 0925931  0. 0925923  0. 0292807  0. 0292807  0. 0292807  0. 0292807  0. 0123494  0. 0111111  0. 0111111
  0. 0103436  0. 0103436  0. 0102811  0. 0085766  0. 0037037  0. 0032707  0. 0032706  0. 0009184  0. 0009184
  0. 0009184  0. 0009184  0. 0001715  0. 0001715 -0. 0000000 -0. 0000000  0. 0000000 -0. 0000000
```

通过对 n 从 3 到 100 进行取值求解，构造细分矩阵的特征值满足以下关系，如表 6-1 所示：

当 $n = 3$，$\lambda_1 = 1 > \lambda_2 = \lambda_3 = 1/3 > \lambda_4 = 1/9$；

当 $n = 4$，$\lambda_1 = 1 > \lambda_2 = \lambda_3 = 1/3 > \lambda_4 = \lambda_5 = \lambda_6 = 1/9$。

表 6-1　细分矩阵特征值

Valencen	λ_1	λ_2	λ_3	λ_4	λ_5	λ_6
$n = 3$	1	0. 3333	0. 3333	0. 1111	0	0
$n = 4$	1	0. 3333	0. 3333	0. 1111	0. 1111	0
$n = 5$	1	0. 3333	0. 3333	0. 1111	0. 1111	0. 1111

细分曲面在奇异点处的局部正则性要求特征图满足内射性。新的细分方法在不规则点附近的特征图等参线如图 6-8 所示。由此可见，生成的新的细分在奇异点处是处处 C^1 连续的。

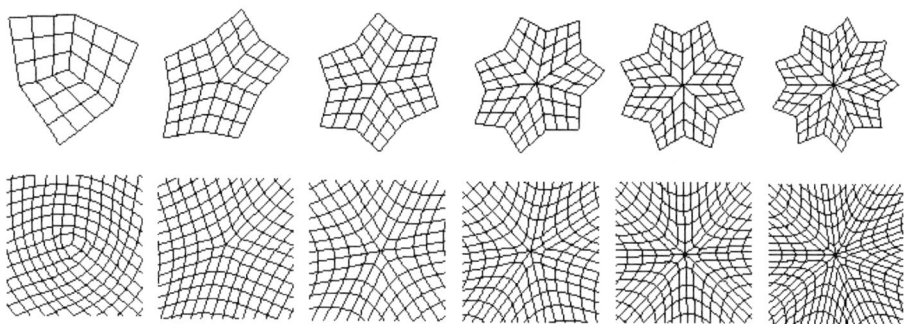

图 6-8　中间顶点价分别为 3、5、6、7、8、9 的特征映射正则性和单射性质

如果细分矩阵前六个特征值满足 1、λ、λ、λ^2、λ^2、λ^2，那么该细分方法生成的极限曲面具有有界曲率。新提出的细分方法满足上述条件，因此具有有界曲率。

6.5　细分算法实现及分析

本章所有结果都是在 VC++和 OpenGL 图形库等软件环境下进行实现的。本节分析三重细分曲面的实验结果，并由现有的相关细分方法进行对比。

图 6-9 至图 6-11 分别给出了 Dolphin、Hand bone 以及 Cartoon 模型的初始控制网格和经过两次三重细分迭代后的网格曲面。通过光照的效果，反映出经过两次细分后就可得到较为光滑的曲面。

（a）　　　　　　　　　　（b）

图 6-9　Dolphin 模型细分曲面实例

注：（a）初始控制网格；（b）两次迭代后的细分曲面。

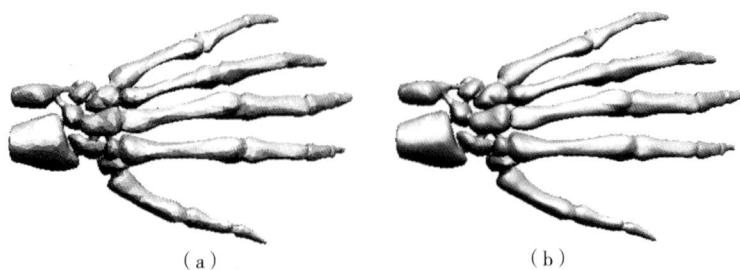

（a）　　　　　　　　　　　　　　（b）

图 6-10　Hand bone 模型细分曲面实例

注：（a）初始控制网格；（b）两次迭代后的细分曲面。

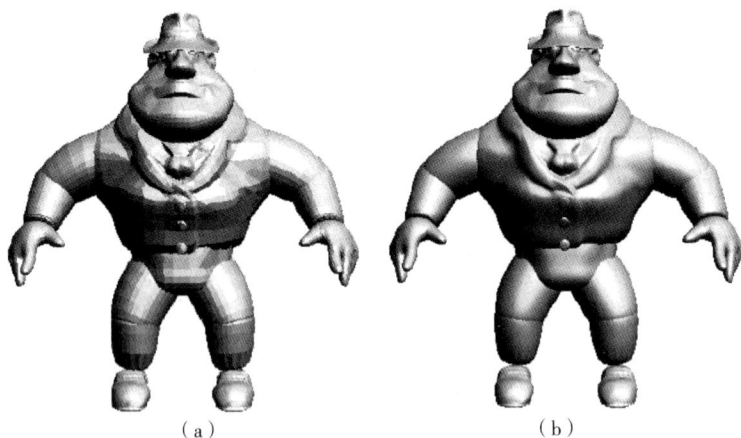

（a）　　　　　　　　　　　　　　（b）

图 6-11　Cartoon 模型细分曲面实例

注：（a）初始控制网格；（b）两次迭代后的细分曲面。

表 6-2 给出了相应的初始控制网格与经过两次细分后的模型顶点数和面片数，由于采用的三重细分方法为 1~9 分裂，因此迭代和收敛速度很快。

表 6-2　初始控制网格与经过两次三重细分后的模型顶点数和面片数

模型	初始控制网格		经过两次细分	
	顶点数	面数	顶点数	面数
Dolphin	1426	1424	115506	115344
Hand bone	6380	6390	516780	517590
Cartoon	15544	15502	1259064	1255662

利用 Rocker-arm 模型来对比三重细分方法与 C-C 细分方法。从图 6-12 可以看出，与 C-C 细分相比，经过两次迭代后，新提出的三重细分生成的细分曲面网格更加稠密，生成的曲面更加光滑。

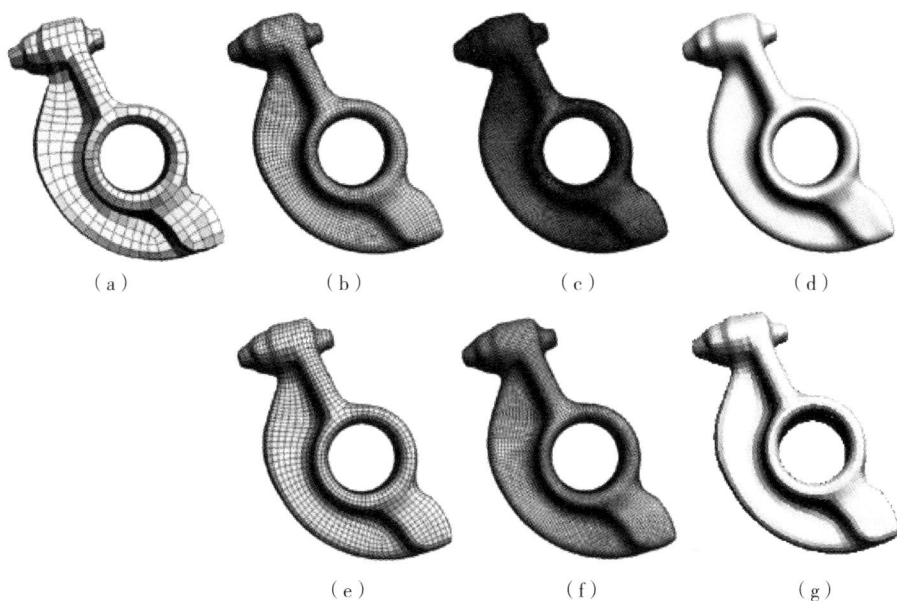

| （a） | （b） | （c） | （d） |

| （e） | （f） | （g） |

图 6-12 Rocker-arm 模型的三重细分曲面与 C-C 细分曲面对比

从表 6-3 可看出，每次细分后，三重细分曲面的顶点数及面片数要大于 C-C 细分曲面，说明三重细分的收敛速度更快，如果要达到相同面片数的细分曲面，三重细分方法迭代次数则更少。

表 6-3 Rocker-arm 模型每次细分迭代后的三重细分曲面与
C-C 细分曲面的数据比较

迭代次数	C-C 细分方法		三重细分	
	顶点数	面数	顶点数	面数
初始	1127	1127	1127	1127
一次细分	4508	4508	10143	10143
二次细分	18032	18032	91287	91287
三次细分	72128	72128	821583	821583

本方法同样适合于构造复杂模型,由于采用 1~9 分裂,所以收敛速度快,非常适合于处理数据量大的网格模型,如图 6-13 所示。

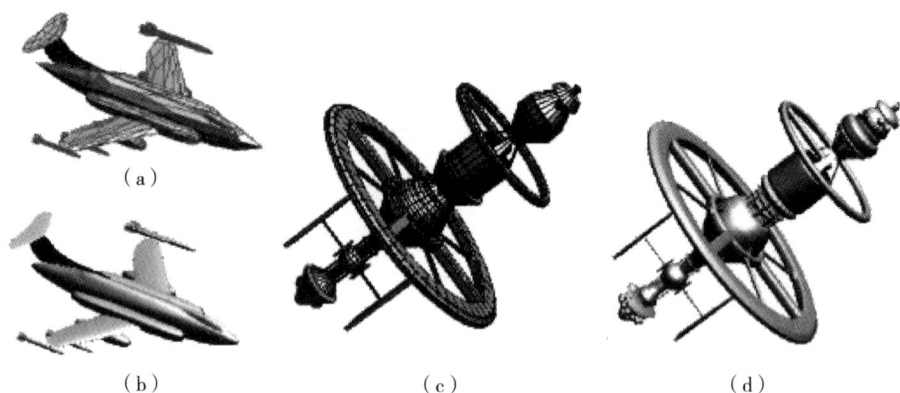

（a）
（b）
（c）
（d）

图 6-13　应用三重细分方法构建复杂网格曲面

6.6　本章小结

本章提出一种快速收敛的三重细分方法。通过 1~9 分裂算子,给出了规则点处的细分模板,并通过 Fourier 分析,给出了非规则点处的细分模板。该细分模式可以处理任意拓扑的四边形网格,并且极限曲面在规则点处达到 C^2 连续,在非规则点处达到 C^1 连续。

7 面向普适终端的三维网格传输方法

三重细分曲面可简单快速地构造光滑度高的三维模型，但智能终端、个人电脑等设备的屏幕尺寸往往大小不一，这种差异性会极大地影响模型的显示效果；同时便携式的移动计算终端内存受限，图形处理能力有限，无法正常渲染复杂几何模型。本章从显示终端的屏幕分辨率出发，提出一种基于屏幕感知因子的三维模型显示方法，优先对不能被用户所感知的冗余三维数据进行简化，得到与屏幕显示精度匹配的几何模型。在此基础上，为适应终端的图形处理与渲染能力，提出三维网格的渐进流式传输方法，无须将整个模型装入内存就可对模型进行处理，同时客户端也无须等待整个模型下载完毕就可以开始进行渲染，以节约图形处理时需要的内存，满足交互式普适图形高效显示需求。

7.1 研究背景

随着信息技术的不断发展，智能手机、平板电脑以及可穿戴的智能设备等普适终端，因其便携性和易操作性，在很多行业得到了广泛应用。人们对普适终端的图形交互体验提出了更多的需求。在工业设计领域，研究人员希望能够在普适终端上进行三维场景的搭建及三维模型的快速建模，同时能够和 PC 或图形工作站进行协同工作。但是一个复杂的三维场景包含的模型数据量巨大，显示和渲染工作复杂。与高端的图形工作站和桌面 PC 相比，移动终端的计算资源有限，进行三维模型的高效绘制面临很多困难。为实现移动终端进行三维模型的数据存储和快速渲染，需要考虑对三维模型进行简化处理。

三维网格模型简化的目标就是将多边形网格模型作为输入，生成一个相对较低分辨率的简化模型。根据简化模型保留的细节特征不同，三维网格简化算法可以分为局部简化算法、全局简化算法。其中，局部简化算法是指在简化过程当中，每一步只考虑原始三维网格模型某个范围内的特性，全局简化算法则是针对整个三维网格采用同一种简化方法，是指利用相应简化准则对模型整体外观效果进行简化，主要包括顶点聚类法、表面偏移法、外形逼近等简化方法。根据不同的简化规则，三维网格简化算是可以分为顶点删除法、边折叠法、三角面折叠法。

渐进网格表示法（Maximo et al., 2014）是三维网格模型简化的一种。其基本原理是在每次简化过程中，在初始控制网格中选中一条边，进行边折叠操作，不断地递归操作，从而得到一个最简化的网格，以及一系列的细节信息。渐进网格算法适合于移动终端的三维几何模型传输。用户可快速提取轮廓模型，但需要下载细节信息对模型进行不断加细，模型的传输受到网络带宽的限制。此外，还需要记录三维模型的拓扑结构。由于与 PC 具有平台差异以及硬件配置不同，移动设备并不能完全将 PC 机的现有模型显示方法直接移植。过多的细节保留，在尺寸较小的移动终端上对用户来说是感知不到的，因此需要考虑屏幕的差异性，来实现在移动终端上的网格实时显示。

7.2　普适终端屏幕感知因子

普适终端的尺寸各式各样，屏幕分辨率也各有不同，目前手机主要分辨率有 720p（720×1280）、1080p（1080×1920）等。手机作为移动便携设备，屏幕尺寸相对 PC 桌面来说，依然较小，大多为 6 英寸或以上尺寸大小的屏幕。这对于显示由大型三维扫描仪器得到的大规模 3D 网格数据来说是远远不够的，如数字米开朗基罗计划中雕像的三角面片数量就高达 20 亿。如果将整个模型都传输到只能显示几万个三角面片的移动终端，不仅超出了那些低分辨率终端的显示能力，更是对网络资源及终端硬件资源的浪费。我们试图找出一种衡量标准来判断普适终端的显示能力，以此作为三维网格传输显示的基本原则。为找到这种衡量标准，考虑两方面因素：①普适终端的显示能力及渲染能力。其中，终端的显示能力可利用屏幕所能显示的三角面片的总个数来衡量；终端的渲染能力则可用终端的图形加速硬件所能处理的三角面片的总个数来衡量。②三维几何模型在屏幕上所能显示的细节精度，在对三维网格进行简化中考虑模型在屏幕上显示的最大精度，引入屏幕感知因子作为衡量标准。

7.2.1 普适终端显示能力分析

在普适终端上显示三维几何模型的能力与屏幕的分辨率关系密切。假设终端的显示分辨率为 $H_{display} \times W_{display}$，一个三角面片的三个顶点对应屏幕上三个不共线的相邻像素点，此时这个三角形在屏幕上会显示为三个分散的点，没有多余的像素构成三角面片的边，因此可作为所能显示的最小三角形。同时，考虑模型跟视点的关系，假设模型经过投影在屏幕上所能显示的比例为 λ，那么屏幕所能进行显示处理的三角面片数的上限，记为 $T_{display}$，可由式（7-1）计算得到：

$$T_{display} = \frac{H_{display} \times W_{display}}{3\lambda} \qquad (7-1)$$

如果给定的视点和投影屏幕，三维几何模型在屏幕上显示的三角面片数最多为模型总面片数的一半，即 $\lambda = 1/2$。根据式（7-1），屏幕分辨率为 320×240 的移动终端的 $T_{display}$ 的上限为 51200，对于屏幕分辨率为 1280×800 的显示器来说，$T_{display}$ 的上限为 682666。移动终端所能显示的三角面片数还不及电脑的 1/10。如果三维模型的面片总数超过了屏幕的 $T_{display}$ 值，势必会造成某些三角面片在屏幕上显示为分散点，就需要对这些冗余面片执行简化操作。

7.2.2 普适终端渲染能力分析

除了考虑屏幕的显示能力，还要考虑终端的渲染能力，包括 3D 图形加速卡的效率、处理器的能力和内存容量。屏幕的渲染效率可以用平均帧率，假设为 f 来衡量。当前的移动终端的渲染效率并不尽如人意。在实际的项目开发中，加载显示一个仅有 3 万个面片和复杂纹理的三维模型就耗时 1 分钟，后续处理根本无法正常运行。因此，在进行三维模型和渲染时，考虑终端所能渲染的最大三角面片数，记为 T_{render}，可由式（7-2）计算得到：

$$T_{render} = d_r t_r f \tag{7-2}$$

式中，t_r 表示每帧所能渲染的三角面片个数，d_r 表示渲染的延迟时限。综上所述，考虑普适终端的显示和渲染能力，终端所能处理的最大三角面片数，记为 $T_{hardware}$，可由式（7-3）计算得到：

$$T_{hardware} = \min\{T_{display}, \ T_{render}\} \tag{7-3}$$

7.2.3 三维模型的屏幕感知因子

以上是从终端的角度考虑，还需考虑模型本身的因素。如果三维网格中三角形的三个顶点投影在少于三个像素点上，则无法正确地显示为三角形，成为冗余数据，这部分数据需要优先简化。

为找出衡量标准，我们首先将三维物体平行投影在一个虚拟的二维基准观察屏幕上，该屏幕的宽度为 W_S，长度为 H_S（见图7-1）。

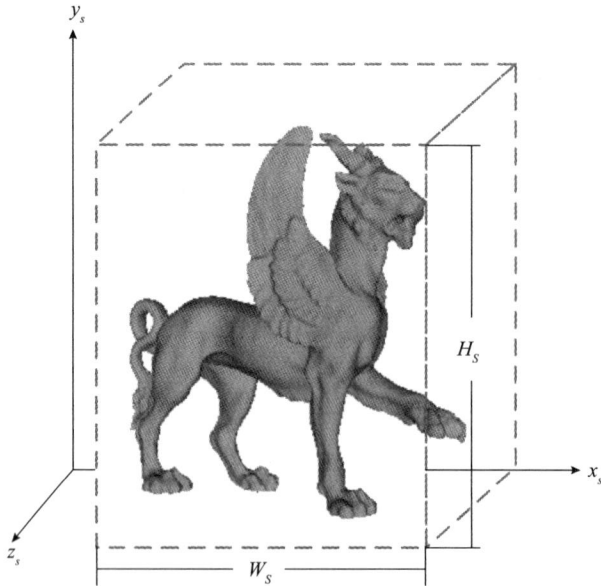

图7-1 三维物体的基准观察屏幕

假设终端显示屏幕分辨率为 $H_D \times W_D$，则显示屏幕上单位像素所能显示的物体基准观察屏幕的面积，称为终端显示屏幕的可感知阈值，记为 δ，有：

$$\delta = \frac{H_S \times W_S}{H_D \times W_D} \tag{7-4}$$

对于不同的显示终端，其屏幕分辨率不同，因此相对于基准观察屏幕，其 δ 的取值不同，在构造简化误差时考虑 δ 即可实现不同显示屏幕的差异化简化。对于三维几何模型，精度超出可感知阈值（小于阈值）的那部分细节将无法在目标移动终端屏幕上进行正确的渲染，用户无法感知，同时会造成资源的浪费，因此对这部分数据应予以优先简化处理。

假设模型投影在基准屏幕上的三角形面积为 T_S，如图 7-2 所示，该三角形映射到终端显示屏幕上的三角形面积为 T_D，利用式（7-5）判定系数 Γ 来决定是否对该三角形进行优先简化：

$$\Gamma = \begin{cases} 1, & \dfrac{2T_S}{n\delta} \geqslant 1 \\[2ex] \dfrac{2T_S}{n\delta}, & \dfrac{2T_S}{n\delta} < 1 \end{cases} \tag{7-5}$$

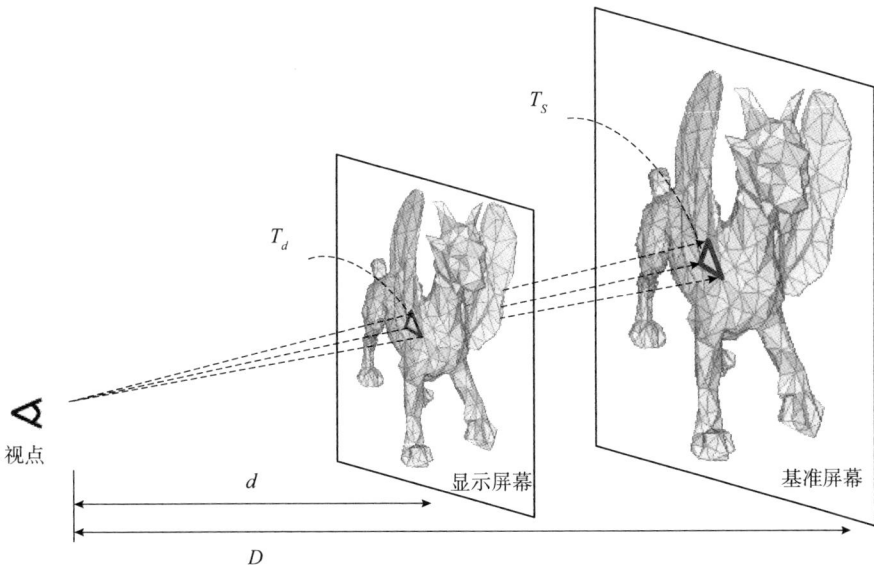

图 7-2 模型从基准观察屏幕到显示屏幕的映射

称 Γ 为屏幕感知因子（Display Resolution Visibility Factor, DRV Factor）。如果模型在基准屏幕上的三角形面积超出了屏幕所能显示的范围，则将此三角形进行折叠简化，以减少冗余数据。其中，n 为精度控制系数，可根据用户的精度要求设定。

7.3 基于屏幕感知因子的网格简化方法

基于屏幕感知因子，我们利用三角形折叠算法对网格模型进行简化，将用户不能感知的三角面片进行删除，使模型的细节精度更加靠近屏幕显示和渲染能力的上限，减少冗余数据，既保证模型的显示精度又不浪费有限的资源。三角形折叠算法是 Hamann（1994）提出的，根据顶点的主曲率排序依次消除三角形。Pan 等（2001）结合 Garland 的二次误差方法，改进了三角形折叠算法，该算法速度更快，对模型的保持也较好。一次三角形折叠操作相当于执行了两次边折叠操作，因此简化速度更快。鉴于这些优点，结合普适图形数据的表示和处理、简化模型、便于移动传输等需求，我们以此三角形折叠简化算法为基础，并考虑目标屏幕的显示分辨率来构建网格简化算法。

7.3.1 三角形折叠基本思想

对于网格中的任意三角形，如记三角形 $T_i = \Delta(v_{i1}, v_{i2}, v_{i3})$，找到与它相关的三角形集合 C_i，即所有包含 T_i 三个顶点的三角形。对 T_i 执行折叠操作，即将三个顶点 v_{i1}、v_{i2}、v_{i3} 合并为一个顶点 v_{i0}，删除三角形 T_i，简化后的网格如图 7-3 中折叠后的形状，每次三角形折叠操作可减少 4 个三角形面片和 2 个顶点，比边折叠操作每次减少 2 个三角形、1 个顶点的速度相比，简化得更快。

7.3.2 误差计算

误差计算可以选用以点到平面的距离（Garland and Heckbert，1997）作为误差标准，对初始网格中的三角形 T_i，求与之三个顶点相关的所有三

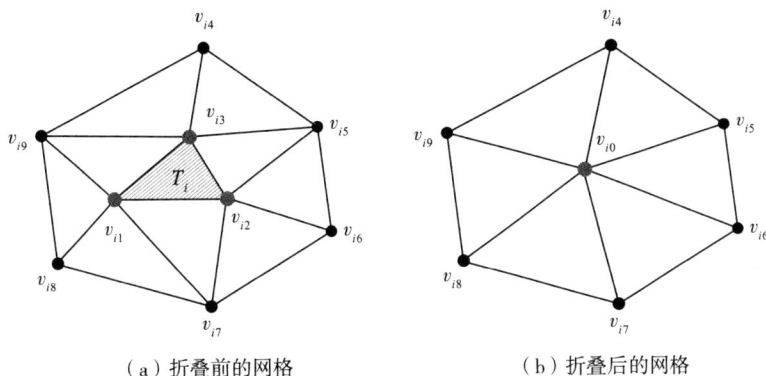

（a）折叠前的网格　　　　　　　　（b）折叠后的网格

图 7-3　三角形折叠操作

角形的集合 C_i。误差标准 $\varepsilon(T_i)$ 是在对该三角形折叠操作后得到的新点 $v_{i0} = [x_{i0}\ y_{i0}\ z_{i0}\ 1]$ 到该三角形集合中每个三角形所在平面距离的最大值，则有：

$$\varepsilon(T_i) = \max(p^T v_{i0})^2 \tag{7-6}$$

式中，$p = [a\ b\ c\ d]^T$ 表示与三角形 T_i 相关的三角形集合 C_i 中的每个三角形所在的平面方程 $ax + by + cz + d = 0$，且有 $a^2 + b^2 + c^2 = 1$，即

$$\varepsilon(T_i) = \max((v_{i0}^T p)(p^T v_{i0})) = \max(v_{i0}^T K_p v_{i0}) \tag{7-7}$$

式中，K_p 是 4×4 的对称矩阵，而误差矩阵 Q_i 为使 $\varepsilon(T_i)$ 最小的 K_p，其中：

$$K_p = p^T p = \begin{bmatrix} a^2 & ab & ac & ad \\ ab & b^2 & bc & bd \\ ac & bc & c^2 & cd \\ ad & bd & cd & d^2 \end{bmatrix} \tag{7-8}$$

7.3.3　基于屏幕感知因子的简化算法

Pan 等（2001）在确定 v_{i0} 时，通过求解线性方程组来找到折叠新点的位置。这里，为简化计算，我们对目标折叠点 v_{i0} 的选取，是从被折叠三角形三个顶点 $v_{i,j}(j = 1, 2, 3)$ 中选择折叠目标点，即将该三角形收缩到该选定顶点。选取的方法是根据顶点的价来决定。如果与顶点相连接的顶点数

较多，说明该顶点在该模型中的影响较大，因此其折叠的顺序将延后进行。同时加入屏幕感知因子的度量，来优先简化用户不可感知的，面积较小的三角形。

因此，基于屏幕感知因子的误差计算为：

$$error(T_i, v_{i,j}) = D(v_{i,j}) \cdot \Gamma_i \cdot N_{i,j} \tag{7-9}$$

式中，$N_{i,j}$ 表示顶点 $v_{i,j}$ 的价，Γ_i 为三角形 T_i 的屏幕感知因子，$D(v_{i,j})$ 是顶点 $v_{i,j}$ 到与 T_i 相关三角形所在平面距离的最大值，根据式（7-7）和式（7-8），即

$$D(v_{i,j}) = \max((v_{i,j}^T p)(p^T v_{i,j})) = \max(v_{i,j}^T K_p v_{i,j}) \tag{7-10}$$

根据误差预测，基于屏幕感知因子的图形简化算法的具体步骤为：

步骤 1：初始化操作，获取屏幕分辨率、设定精度控制系数 n、终端显示屏幕的可感知阈值 δ 等参数。

步骤 2：根据式（7-9），对初始网格中的每个三角形 T_i 计算误差，找到 T_i 的折叠目标点。

步骤 3：对折叠误差进行排序，这个序列就是进行边折叠简化的序列。

步骤 4：选出误差最小的三角形进行折叠。

步骤 5：更新网格等相关信息。

步骤 6：如果没有达到简化目标，转到步骤 4，否则结束。

7.3.4 简化目标

基于屏幕感知因子的三角形折叠操作，一方面，优先简化面积较小的三角形，而保护面积较大的三角形，从而保持了模型的外观特征；另一方面，对用户不能感知的三角形进行充分简化，匹配目标屏幕的显示分辨率。因此，简化效果接近 Wu 等（2007）提出的不可感知点（Point of Indiscernability，PoI）层。

综合考虑普适终端硬件图形处理能力，我们以模型中面积最小的三角形 $\min\{T_i\}$ 是否超出感知阈值，以及简化后的三角形总个数 Num_T 是否小于 $T_{hardware} = \min\{T_{display}, T_{render}\}$ 作为判定简化终止的条件，即：

$$\min\{T_i\} \geqslant \frac{n\delta}{2} \cap Num_T \leqslant \min\{T_{display}, T_{render}\} \tag{7-11}$$

7.4 简化效果与分析

图 7-4 为利用本章的简化算法得到的简化模型与采用原始模型的效果对比，分别选用了 320×480、240×320、120×160 和 65×96 的屏幕分辨率。

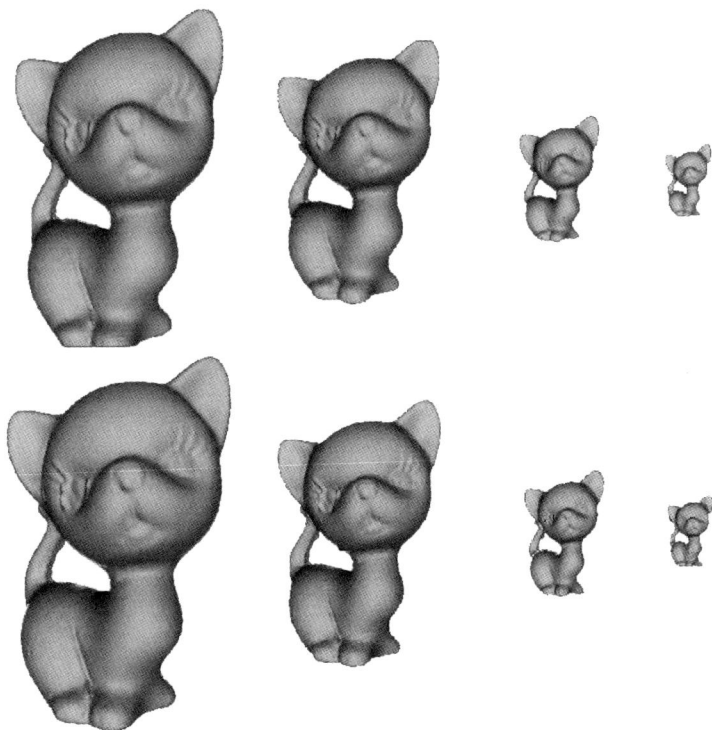

图 7-4 Kitten 模型在不同分辨率下的显示

注：上：原始模型；下：简化后的模型。

新算法是以小于屏幕分辨精度阈值（感知阈值）的三角形进行优先简化，这些边由于超出了屏幕的分辨精度，其存在对于模型被用户感知的程度没有太多的帮助，属于冗余数据，因此在首先简化误差较小的较平坦区域的同时，优先对这些可低感知程度的冗余数据进行简化并不会影响模型的可感知质量。

通过图 7-4 的对比可以看出，新算法在不同分辨率得到的简化模型都保持有适当的几何细节特征，其屏幕上的显示效果与直接使用原始模型的效果十分接近，或者说新算法得到的简化模型并不影响用户对模型的感知程度。表 7-1 给出了在不同分辨率下的模型简化率，数据的简化效果明显。

表 7-1　不同分辨率下新算法的模型简化率

对比项	原始模型	320×480	240×320	128×160	65×96
面片数	57600	16842	9782	6210	1034
简化率（%）	—	70.76	83.1	89.21	98.20

7.5　流式渐进网格传输方法

利用网格简化方法可进一步得到渐进式网格，但由于每次只能简化部分面片，生成渐进网格的效率不高。因此，我们考虑新的用于普适终端的三维网格传输方法。近年来出现很多面向移动终端的三维网格渐进式简化和传输的方法，这些方法一般都要求将整个原始模型同时调入内存进行简化和多分辨率分析计算。移动终端的内存是受限的，对于数据量接近甚至超过移动终端所能处理的容量三维模型，这些方法是无法处理的。研究者相继提出了流式网格的概念，并利用外存（Out-of-Core）的方法对网格进行流式处理，生成类似三角形条带等有某种规则的序列，再通过不同的方式逐步将网格数据调入内存进行计算。这为面向内存受限的终端提供了三维网格传输方法，但这些方法仍存在一些问题：①对模型的预处理过程往往比较烦琐，效率不高；②数据结构复杂，不利于实现多分辨率建模；③没有考虑屏幕的显示能力。鉴于这些问题，我们试图找到一种简单且高效的流式渐进网格传输方法，不需要将整个模型放入内存进行处理，同时当少量网格到达时，客户端就可以进行渲染和显示处理。

7.5.1 流式网格标记

传统的网格存储结构通常包括两个部分：顶点表和三角形面表，如图 7-5 所示。顶点和三角形面片的排序没有规律可循。因此，在进行诸如简化、传输等操作时，每一次都需要对整个顶点表和三角面表进行遍历。Isenburg 等（2005）提出了流式网格的概念，基于三角条带的压缩方法，把网格看作由多边形组成的流进行处理，网格的压缩和解压过程都是局部性的操作。这种结构有利于三维网格的快速编码和渲染。因此，我们利用这种流式条带的表示方法生成渐进网格，对模型进行快速简化和提高传输速度。

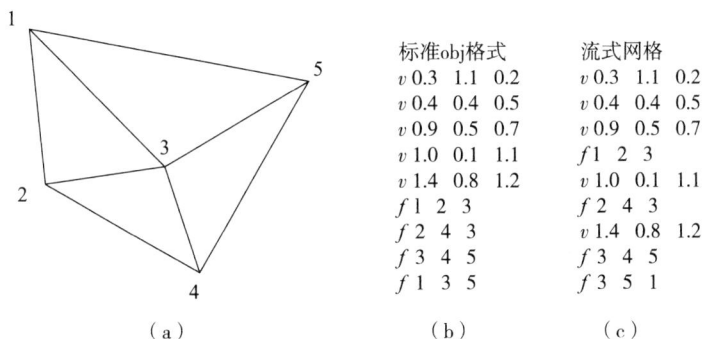

标准obj格式
v 0.3 1.1 0.2
v 0.4 0.4 0.5
v 0.9 0.5 0.7
v 1.0 0.1 1.1
v 1.4 0.8 1.2
f 1 2 3
f 2 4 3
f 3 4 5
f 1 3 5

流式网格
v 0.3 1.1 0.2
v 0.4 0.4 0.5
v 0.9 0.5 0.7
f 1 2 3
v 1.0 0.1 1.1
f 2 4 3
v 1.4 0.8 1.2
f 3 4 5
f 3 5 1

（a）　　　　　　　（b）　　　　　　　（c）

图 7-5　网格模型存储结构

注：（a）网格模型结构；（b）标准 obj 格式；（c）流式网格格式。

在三角形网格内部顶点中，价为 6 的顶点定义为正则点，价不为 6 的顶点可称为非正则点或奇异点。如果所有顶点都是正则点，那么该三角网格为正则网格。多数三角网格都是由大量的正则点和极少数的奇异点组成，如图 7-6 所示，可称为半正则网格。如果采用流式的三角条带压缩方法，正则网格形成的三角条带十分规整。

我们的研究对象是条带化后的三角形网。经过一次顶点的流式顺序遍历，三角网格模型可被表示为顺序三角条带集合，记为 $\{S_0, S_1, \cdots, S_n\}$。为了在传输序列中去除重复顶点（或 Swaps）并简便操作，将每个三角形带上下两层顶点分开存储，分别记为 OV_i 和 RV_i，且顶点顺序编号，如图 7-7 所示。对 OV_i 或 RV_i，默认其中顶点之间有连接关系，因此不需要特别存

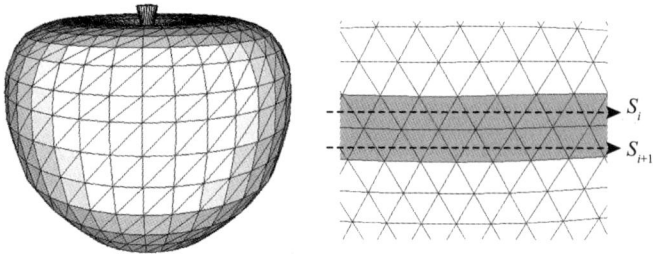

图 7-6　半正则三角形网格及三角条带

储。只标记 OV_i 和 RV_i 中顶点的连接关系，可由符号"→"连接两个顶点索引构成，称为直接边。

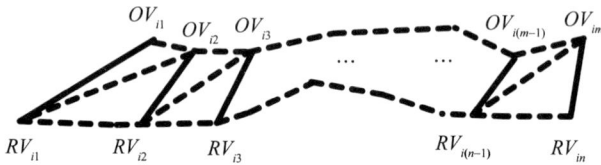

图 7-7　流式条带网格标记方法

因此，每一个 S_i 的存储格式定义为：

$$S_i: \begin{cases} OV_i = \{ov_{ip}\}; & where \quad i = 1, 2, \cdots, N; \ p = 1, 2, \cdots, m; \ m \geq 1 \\ RV_i = \{rv_{iq}\}; & where \quad i = 1, 2, \cdots, N; \ q = 1, 2, \cdots, n; \ n \geq 1 \\ OR \ Table: \ OV_i \rightarrow RV_i = \{ov_{ip} \rightarrow rv_{iq}\} \end{cases}$$

$$(7-12)$$

类似于周凡（2007）给出的压缩条带表示方法，$ORTable$ 中的顶点连接关系可用四种基本标记规则组合而成：

（1）基本规则，如图 7-8（a）所示。在三角形条带中由两个相邻三角形可组成一个四边形。因此，利用 $A \rightarrow C$；$B \rightarrow D$ 表示该四边形，隐含了两个三角形 $\Delta(A, B, C)$ 和 $\Delta(B, C, D)$，同时还隐含了边 $B \rightarrow C$。

（2）RE 规则，如图 7-8（b）所示。B 和 C 之间不存在连接关系，而 A 和 D 存在连接关系，则利用 RE 操作符来表示，即 $A \rightarrow C$；$RE \ B \rightarrow D$。

（3）OV 奇异点规则，如图 7-8（c）所示。OV 顶点集中存在奇异点，则会在 RV 顶点集中有多个顶点与之存在连接关系，这种情况记为 $A \rightarrow (1, 2, \cdots, n)$。

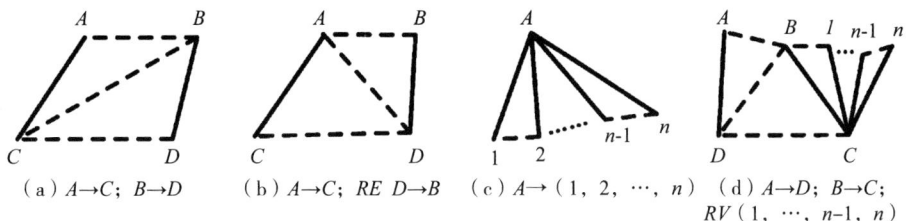

（a）$A \rightarrow C$；$B \rightarrow D$　（b）$A \rightarrow C$；$RE\ D \rightarrow B$　（c）$A \rightarrow (1, 2, \cdots, n)$　（d）$A \rightarrow D$；$B \rightarrow C$；
$RV(1, \cdots, n\text{-}1, n)$

图 7-8　顶点连接关系基本标记规则

（4）RV 奇异点规则，如图 7-8（d）所示。RV 顶点集中存在奇异点，则会在 OV 顶点集中有多个顶点与之存在连接关系，这种情况记为 $A \rightarrow D$；$B \rightarrow C$；$RV(1, 2, \cdots, n)$。

对于三角网格 T，是由 n 条三角条带构成的。记为 $T = \{S_0 \| S_1 \| S_2 \|, \cdots,$ $\| S_n \|\}$，$(i = 1, 2, \cdots, n)$。根据基本标记规则，图 7-9 给出的网格条带，其 $ORTable$ 可记为 $1 \rightarrow 7$；$2 \rightarrow 8$；$3 \rightarrow 9$；$RV4$；$5 \rightarrow 10$；$6 \rightarrow 11 \| 7 \rightarrow 12$；$8 \rightarrow 13$；$9 \rightarrow 14$；$10 \rightarrow 15$；$11 \rightarrow 16$；$\| 12 \rightarrow 17$；$13 \rightarrow 18$；$14 \rightarrow 19$；$15 \rightarrow 20$；$16 \rightarrow 2 \| 17 \rightarrow 22$；$RE\ 18 \rightarrow 23$；$19 \rightarrow 24$；$20 \rightarrow 25$；$21 \rightarrow 26$。其中顶点 9 为奇异点。不难发现，除奇异点外，均有两条直接边通过每个正则点，这为进一步进行流式渐进式传输提供了前提条件。

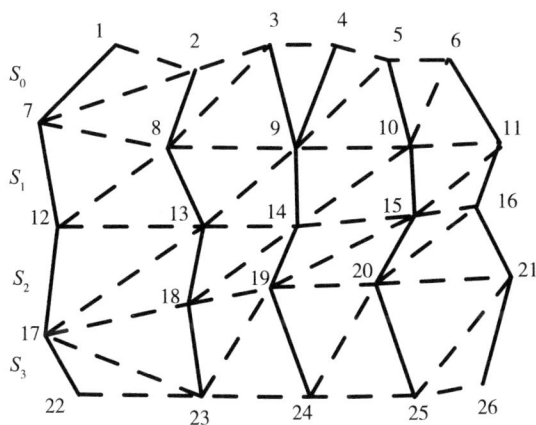

图 7-9　进行 $OR\ Table$ 标记的网格示例

7.5.2 流式网格顶点集分裂

为了达到三维网格渐进传输的目的，我们对稠密的三角条带中的顶点分裂为两组：奇点集和偶点集。将奇点集作为保留的顶点，用于构造粗网格，而将偶点集作为删除的顶点，并作为渐进传输的细节信息另外保存。我们只选取一部分顶点进行保留，即所有保留的顶点是原来顶点序列的一个子集，同时使保留的顶点几何坐标不变，这样在图形重构的过程中就无须计算误差细节，适应无线传输网络环境和内存受限、处理能力低的移动计算终端。分析发现，对于每一具有细分连通性的网格条带 T 中，相邻的三角条带 S_i 和 S_{i+1} 的顶点集 RV_i 和 OV_{i+1} 具有相同的顶点，即两条相邻三角网格序列具有一组公共的顶点集合，如图 7-10 所示。

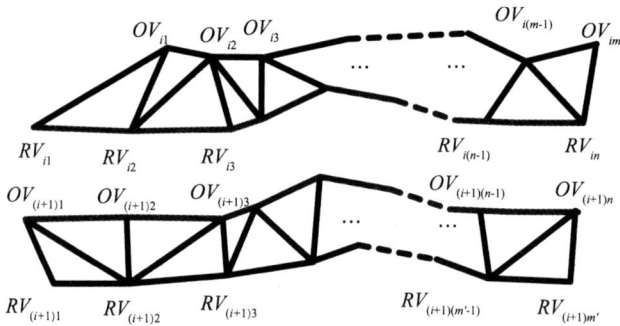

图 7-10　三角网格传递规则

搜索 $OR\ Table$ 中 $OV_i \rightarrow RV_i$ 和 $OV_{i+1} \rightarrow RV_{i+1}$，利用传递规则，可以得到关系 $OV_i \rightarrow RV_{i+1}$。得到新的网格条带表示：

$$S'_i : \begin{cases} OV'_i = OV_i, \\ RV'_i = RV_{i+1}, \\ OR\ Table : OV'_i \rightarrow RV'_i = OV_i \rightarrow RV_{i+1} \end{cases} \quad (7-13)$$

首先，考虑规则网格的情形，即所有非边界上顶点的价都为 6，对于两条相邻的条带 S_i 和 S_{i+1}，此时 OV_i、RV_i、OV_{i+1}、RV_{i+1} 的顶点个数相同。由于三角序列中顶点是按照顺序排列的，可选取 OV_i 中任一点开始作为保留的奇点，并且作为 $OV_{i,\ odd}$。例如，从每条三角序列的第一个顶点开始作为保留顶点，每隔一个顶点作为保留奇点，并利用传递规则，即可找到 RV_{i+1} 中与之对应的顶点，予以保留，作为 $RV_{i, odd}$。其余顶点作为偶点。经过一次顶点分裂操作，得到的奇点集记为：

$$S_{i, odd}: \begin{cases} OV_{i, odd} = \{ov_{ip}\}; & where \quad i = 1, 2, \cdots, N; \ p = 1, 3, \cdots, 2n+1 \\ RV_{i, odd} = \{rv_{(i+1)p}\}; & where \quad i = 1, 2, \cdots, N; \ p = 1, 3, \cdots, 2n+1 \\ OR \ Table: \ OV_{i, odd} \rightarrow RV_{i, odd} = \{ov_{ip} \rightarrow rv_{(i+1)p}\} \end{cases}$$

$$(7-14)$$

图 7-11 中的顶点分裂奇点集为：$\{1, 3, 5, 7, 9, 19, 21, 23, 25, 27\}$。偶点集为：$\{2, 4, 6, 8, 10, 11, 12, 13, 14, 15, 16, 17, 18, 19, 20, 22, 24, 26\}$。

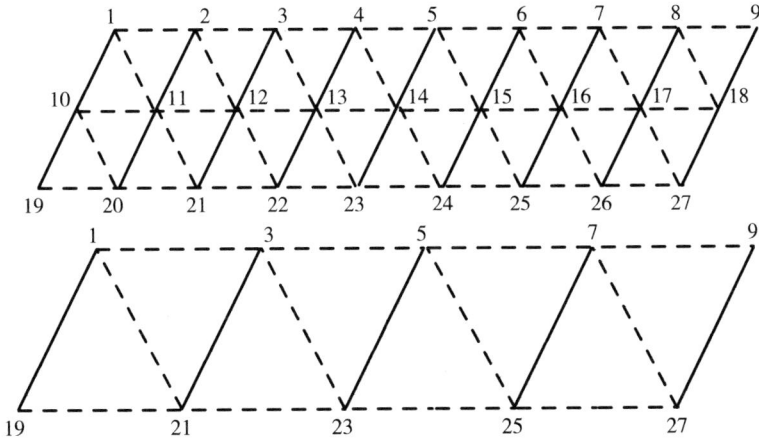

图 7-11　规则三角条带的顶点分裂与三角形重建

对于半正则三角网格，含有少量的奇异点。奇异点一般包含较为重要的信息，如尖锐特征或边角性质等。因此考虑首先将其作为奇点进行保留，把与奇异点有连接关系的顶点作为偶点删除；其次按照规则点处的选取规则进行奇偶顶点分裂，图 7-12 给出了奇异点周围奇偶顶点的分裂示意。

因此，对半正则网格生成的三角条带进行顶点分裂时，选择从奇异点所在的三角形条带开始，首先将奇异点作为奇点保存，其次将条带中的与之间隔一个点的顶点作为奇点继续保存，以此类推，并利用传递规则找出其他奇点。每一次只需要将与奇异点相邻四条三角条带装入内存即可完成顶点分裂操作。

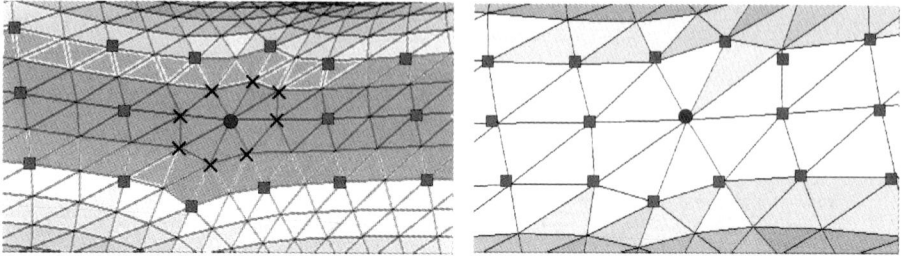

图 7-12　半正则三角网格奇异点周围奇偶顶点分裂及三角条带重建

顶点分裂算法要求三角网格是半正则网格，如果奇异点过多会导致分裂失败，对于三角条带中的两个奇异点 v_i 和 v_j，$Vernum(v_i, v_j)$ 表示 v_i 和 v_j 直接间隔的顶点数目，则顶点分裂算法执行需满足：

$$Vernum(v_i, v_j) = 2^k, \quad k = 1, 2, 3, \cdots \quad (7-15)$$

式中，k 表示可进行简化的次数。对于不满足该条件的网格，可利用参数化方法对网格进行预处理获得半正则三角网格。

7.5.3　三角条带重建

将顶点进行分裂之后，直接将偶点删去，只保留奇点集及得到的 *OR Table*，得到简化的奇网格三角条带。图 7-11 中得到的简化奇网格三角条带的 *OR Table* 为：1→19；3→21；5→23；7→25；9→27。对于奇异点，在重建三角条带时，除该奇异点外，其余顶点均为正则点，因此进行分裂之后奇顶点的拓扑结构与原网格一致，如图 7-12 所示。

7.6　普适终端流式网格重构

网格进行简化后，对网格模型进行渐进流式传输并在普适终端上重构原模型。在每一次简化过程中的每一层，奇点集生成相对简化的模型 T_i，（$i = 0, 1, \cdots, n$）。被移除的偶点集都会被作为细节保留。当简化为最简网格条带 T_0，以及各层次细节信息 $T_{detail1}$，$T_{detail2}$，$\cdots$，$T_{detailn}$，则有：

$$T_0 \rightarrow (T_1, T_{detail1}) \rightarrow (T_n, T_{detail1}, \cdots, T_{detailn}) \qquad (7-16)$$

在对原模型进行还原的时候，只要在基网格的基础上逐渐添加细节信息就可以得到更为精细的模型，最终实现原模型的无损还原。当移动终端需要渐进显示模型时，首先从服务器接受并显示基网格模型 T_0。若 T_0 在细节方面不能满足用户的需求，根据用户指令继续接受细节信息 $T_{detail1}$，并重构为 T_1，若已经满足用户需求以及终端的显示能力，则停止传输。若不满足继续接受 T_{detail}，继续重构模型，直至满足需求或达到终端的显示能力。

7.7　流式网格渐进式传输及效率分析

为验证简化方法的有效性，在 PC 机上进行实验仿真。首先，对 Apple 的模型进行简化分析。原模型有 30819 个顶点和 61560 个面片（见表 7-2）。图 7-13 是该模型的渐进式简化效果。从图 7-13 中可以看出，每一次简化都会移除大量顶点和三角面片。

表 7-2　Apple 模型简化数据对比

	初始模型	经过 1 次简化	经过 2 次简化	经过 3 次简化
顶点数	30819	11895	3279	891
三角面数	61560	23712	6480	1704
文件大小（KB）	2194	812	214	53
显示帧率（FPS）	46	57	81	128

Apple 模型的渐进简化数据对比如表 7-2 所示。经过三次简化后，面片的规模仅为 891 个顶点和 1704 个面片，面片数减少到原模型的 2.77% 的大小，说明模型得到了有效简化。同时，模型的显示速度却因为网格的大幅简化而得到了提升。在每次简化之后，模型在简化后的面片数据规模基本为是上一层模型的 1/4，如图 7-14 所示。显示帧率采用由软件 FRAPS 进行测试得到，可以看出显示的速度也随之逐渐提高（见图 7-15）。

图 7-13　Apple 模型的渐进表示

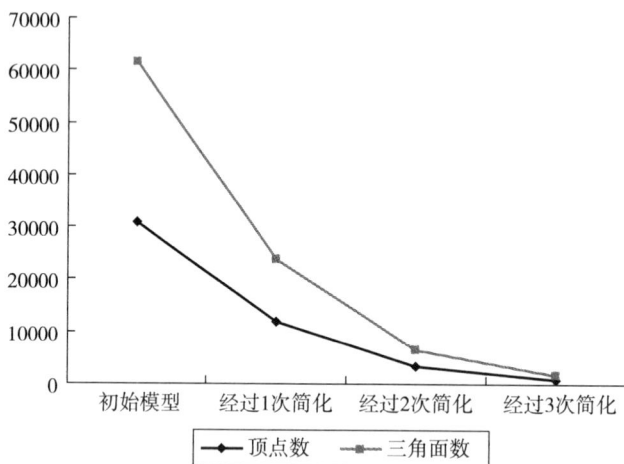

图 7-14　Apple 模型面片和顶点变化曲线

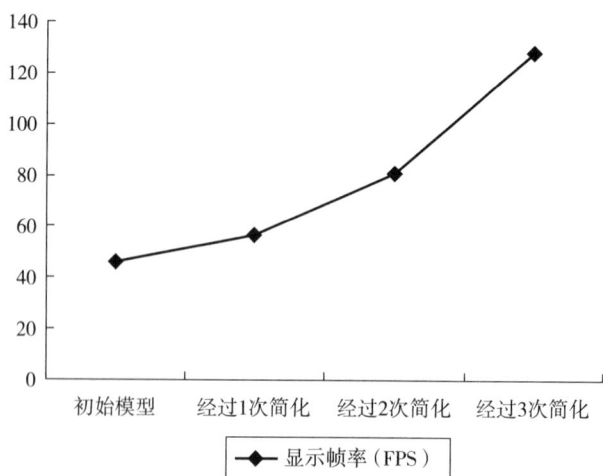

图 7-15　Apple 模型显示帧率变化曲线

图 7-16 是 Chess 模型的渐进简化效果。原模型有 12702 个顶点和 25400 个面片（见表 7-3）。Chess 模型面片和顶点变化曲线如图 7-17 所示，Chess 模型显示帧率变化曲线如图 7-18 所示。

图 7-16　Chess 模型的渐进式简化效果

表 7-3　Chess 模型简化数据对比

	初始模型	经过 1 次简化	经过 2 次简化	经过 3 次简化
顶点数	12702	4246	1194	314
三角面数	25400	8488	2384	624
文件大小（KB）	875	283	74	18
显示帧率（FPS）	72	96	142	166

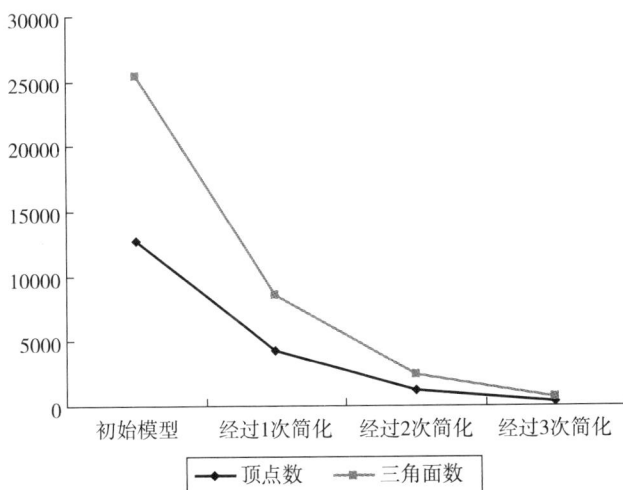

图 7-17　Chess 模型面片和顶点变化曲线

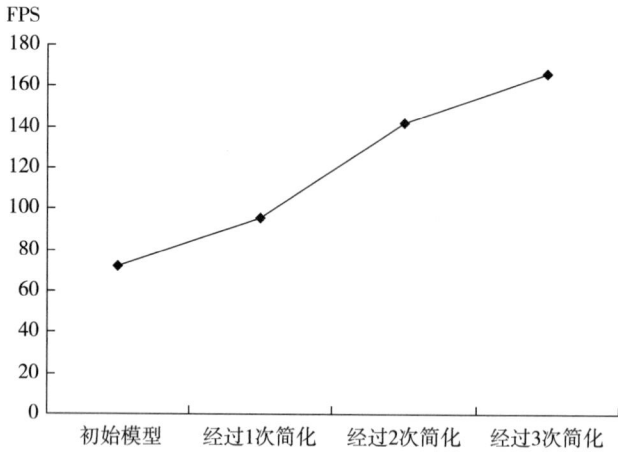

图7-18　Chess 模型显示帧率变化曲线

同时，图7-19 为 Chess 模型的文件大小变化曲线。从曲线的变化趋势，可知，当复杂模型的拓扑信息大幅压缩时，模型的存储空间也得到了一定程度的压缩。

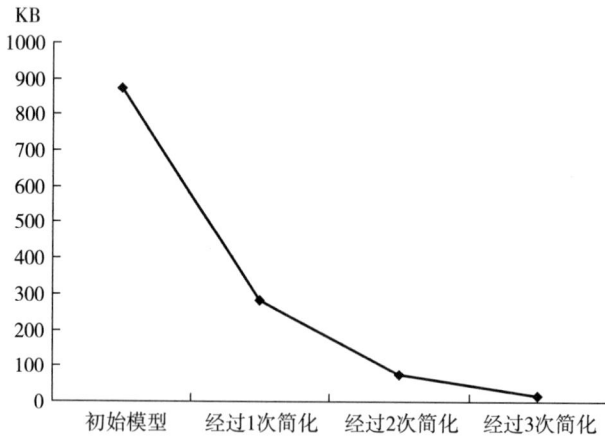

图7-19　Chess 模型的文件大小变化曲线

7.8　本章小结

为匹配传输网络和终端计算能力的需求，有效适应普适网络和终端的表现能力，本章提出一种基于屏幕感知因子的网格简化方法，利用三角形折叠操作将初始网格简化为与目标终端显示能力相匹配的模型大小。在此基础上，提出流式的渐进传输算法。算法对网格的处理速度快，客户端不需要等待整个模型下载完毕就可以开始进行渲染。

8 面向普适终端的交互式几何图形计算模型

上一章针对普适终端的显示特性和三维网格模型简化与传输方法进行了讨论，提出基于屏幕感知因子的三维网格简化及流式传输方法。本章将结合提出的三维模型建模方法、简化及压缩传输方法，讨论面向普适终端的三维几何图形的计算模型，为交互式普适图形应用提供基础。结合实际应用项目，进行基于三维网格模型自适应显示和脚本驱动的普适终端手语动画系统的设计和实现，利用三维手语动画为聋哑人提供交互式的信息服务。

8.1 研究背景

随着普适终端的图形处理能力的不断增强，越来越多的三维图形应用服务日益丰富、多样，人们可以随时、随地在任何网络条件下获取到各种不同的三维信息和服务，如 AR/VR、3D 广告、移动产品展示等。相比声音、图像等媒体数据类型，三维图形数据规模庞大，渲染需要很多复杂计算。因此，普适图形的基本问题就是如何在服务器端和用户终端之间有效地分配图形数据处理任务。

Shi 等（2015）曾对三维图形任务分配模式进行了讨论。最简单的解决方案就是利用具有较强计算能力的服务器来存储图形数据，并负责图形数据的处理、渲染，而客户端只负责显示工作（见图 8-1 中的模式一），即瘦客户端模式（Thin Client Mode）。这种解决方案只适合用于一些基本的浏览应用，不具备交互性。随着 GPU 的不断更新升级，很多移动终端都具有一定的图形数据处理能力，因此可将图形处理任务对等的分配给服务器和客户端之间（见图 8-1 中的模式二），即平衡模式（Balanced Mode），可实现一定的交互功能。对于一些处理能力较强的客户端，可以将大部分图形处理任务放在客户端处理（见图 8-1 中的模式三），即胖客户端模式（Fat Client Mode）。然而对于其他系统，客户端可以自行分享资源通过网络协同与其他客户端共同完成图形的交互应用（见图 8-1 中的模式四），即无服务器模式（Serverless Mode），但这种模式对网络资源要求高，适用性不强。张文丽等（2016）提出移动智能终端的计算迁移（Computation Offloading），以解决移动终端资源受限的问题，将一部分计算任务从本地迁移到远程设备执行来扩展移动终端的资源。

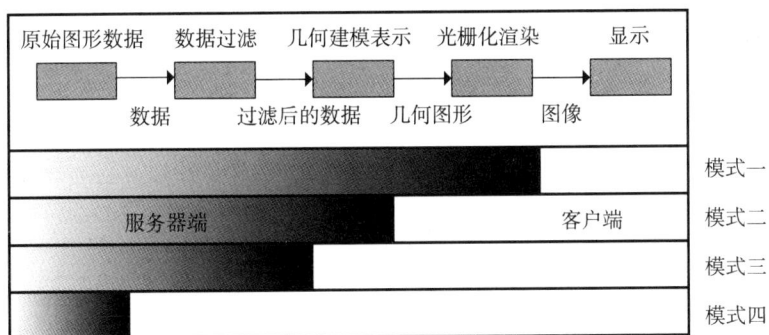

图 8-1　三维图形服务任务分配模式

8.2　交互式普适图形计算模型

针对普适计算环境下的资源限制问题，图形交互系统有必要根据客户端设备的处理能力，网络的质量情况以及图形应用的特性和用户的倾向性进行相应的调整。因此，设计三维图形交互计算模型时应充分考虑以下三个方面：

（1）以图形数据为中心，按照功能来划分模块。服务器端应负责对事件进行分析，分别调用用户管理、事件处理和模型管理等模块进行处理。实现模块设计的层次性。规范、清晰的图形接口可以显著提高图形应用的效率。

（2）客户端的图形处理能力。设定图形处理能力的权衡标准及相关参数，方便服务器端根据客户端的处理能力自适应地调整图形交互应用，以保证资源的有效利用以及减少冗余信息产生。

（3）服务器端的效率问题。服务器端的各模块可由各种独立的线程来实现，但独立的线程越多，对数据的读写操作就会增加，数据在不同空间的拷贝操作也会随之增加。随着客户连接数的增多，服务器的性能会急剧下降。因此，需合理安排模块，以减少因客户数的增加而访问数据的次数，提高工作效率。

结合上述因素，我们提出一个面向普适终端的三维几何图形显示及完成交互应用服务的计算模型，如图 8-2 所示。该模型采用平衡模式（Balanced Mode），服务器根据客户端需求，负责对几何图形进行重新表示，采用细分方法或简化方法生成符合客户端处理能力的模型文件，并将模型文件压缩成流式渐进网格，通过有线或者无线网络发送给客户端，用于客户端的三维图形交互应用。服务器可事先将模型进行预处理，并生成多种 LoD 的网格模型，存储于服务器。方便客户端进行实时交互使用。客户端根据应用需求，向服务器端发送请求，并进行三维图形渐进重构和显示，以完成图形应用。

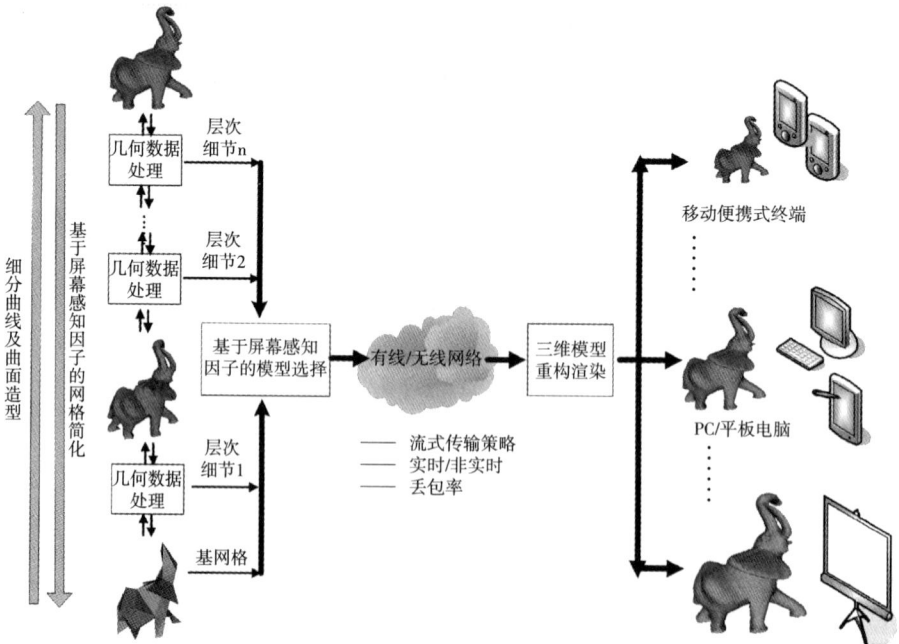

图 8-2　面向普适终端的三维几何图形建模与传输模型超大屏幕显示

　　服务器端与客户端的通信方式采用 UDP/TCP 方式。基网格作为三维模型的重要部分，采用 TCP 传输方式。对于细节信息，由于 TCP 传输时延过长，在实时应用中采用 UDP 传输方式。在此计算模型中，服务器根据用户的请求，先将一个最简模型发送到用户端。由于最简模型含有较少的顶点和面片，文件体积较小，用户可以很快地获取到模型并对此模型进行操作。在传输基网格时，服务器与客户端的交互过程如图 8-3（a）所示。客户端发送连接请求，服务器经确认后建立连接。客户端回传设备参数，服务器基于客户端的屏幕感知因子等相关参数生成相应的层次细节模型并传输给客户端。在连接过程中，如果要工作时间大于间隔时间 C，客户端应每隔时

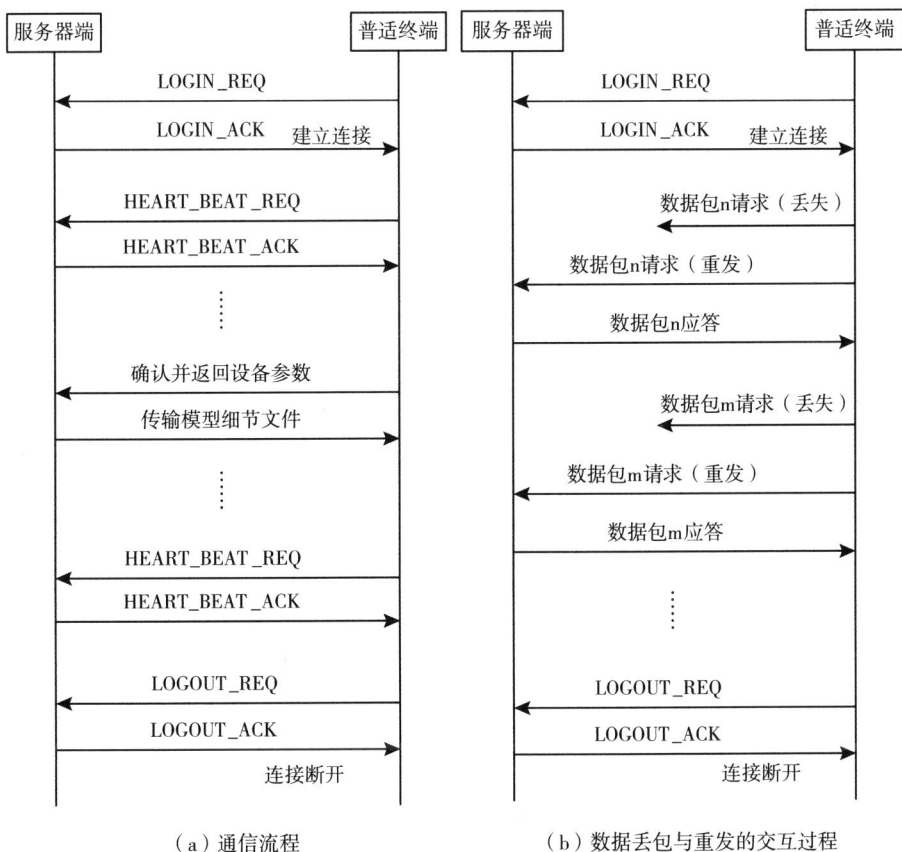

（a）通信流程　　　　　　　　　（b）数据丢包与重发的交互过程

图 8-3　服务器与客户端交互过程

间 C 发送心跳包以维持此连接。参数间隔时间 C、超过时间 T、发送心跳包次数 N 结合具体应用进行配置，如发生丢包，则采用图 8-3（b）中的丢包重发机制。丢包影响着三维几何图形渐进表示后的显示质量。因此，服务器端首先估算通信网络的情况，并加入一些冗余数据来防止数据丢失。当该模型在细节方面不能满足用户的需求时，则可根据用户指令从服务器端传输一个细节文件到移动终端，从而重构并显示更为细致的模型，如此类推，直至在移动终端上重构出满足用户应用需求的模型或者已达到普适终端处理能力的上限。

8.3　服务器端的图形渐进表示

　　服务器端的主要工作是对三维网格进行存储，并进行渐进式网格的生成操作。对于超大屏幕显示，可采用快速收敛的细分方法对网格模型进行细节加细；对于小屏幕终端，则可采用基于屏幕感知因子的三维网格简化方法对网格模型进行简化。服务器的主要工作包括：

　　（1）网格模型的预处理。服务器对原始图形数据进行预处理，对于任意的三角网格进行重新网格化处理。然后利用对模型进行细分或者简化操作，生成一个由基网格和不同细节层次文件组成的流式渐进网格，存放于图形数据库中，方便在与用户交互时的读取操作。

　　（2）客户端参数接收。服务器根据客户端发送的相关参数，来确定传输给客户端 LoD 的层次细节模型。客户端参数包括两个部分：终端参数和网络参数。其中，终端参数包括屏幕分辨率、CPU、内存等；网络参数包括网络类型、预知的网络带宽及出错率等。

　　（3）确定 LoD 模型并压缩传输。当接收到客户端参数后，利用三维网络传输方法，确定符合客户端显示处理能力的 LoD 模型并压缩编码进行传输。

8.4 客户端的图形重构与渲染显示

当客户端需要进行三维图形交互应用时，首先向服务器发送请求以及设备相关参数。得到服务器响应后，并从服务器端接收到三维网格的最简模型，若在细节方面不能满足用户的需求，则根据用户指令继续接收细节信息并重构三维网格，如此类推，直到在客户端上重构出满足用户应用需求的模型，或已经达到客户端处理能力的上限值，服务器将停止模型细节的传输。

为检验提出的图形重构和显示方法的有效性，我们利用简化模型在移动终端上进行渐进重构和显示，利用嵌入式图形渲染库函数 OpenGL ES 实现三维图形的显示。

实验模型以 Egea 模型的简化模型作为原模型。该模型具有 21779 个顶点和 43203 面片（见表 8-1）。先在计算机上生成渐进式的层次细节模型。然后将基网格在终端上进行重构和显示，之后再依次将细节加入到模型中，渐进显示的效果如图 8-4 所示。在设计的渐进式显示架构中，根据终端的感知因子，只需要渲染到层次细节 M_4 就可满足在移动设备上的显示，从图 8-4 中可以看出，与原模型 M_5 的显示效果的差别不大。说明服务器端可以有效地对三维几何模型进行简化，并可进行高效的渐进式传输。移动计算终端可以通过快速渲染模型，使用户能获得较好的交互式图形应用体验。M_4 的面片数只是原模型的 1/4，同时能得到较好的交互显示速度。因此，提出的计算模型可以很好地支持交互式三维图形应用。

表 8-1 Egea 模型渐进显示数据对比

细节层次	M_0	M_1	M_2	M_3	M_4	M_5
顶点数	25	90	345	1359	5311	21779
三角面数	39	162	649	2599	10399	43203
文件大小（KB）	5.42	21.3	83.3	312.7	914	3982.1

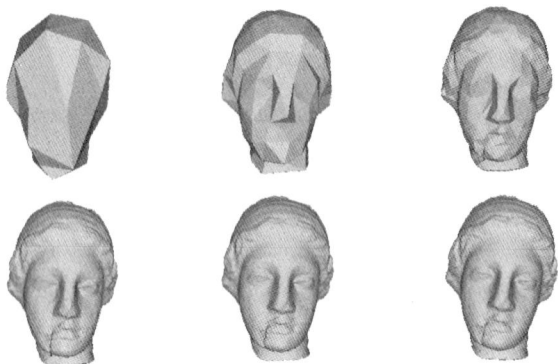

图 8-4　Egea 模型在移动终端上的渐进显示效果

8.5　基于屏幕感知因子的手语动画合成

结合本章提出的普适图形计算模型以及基于屏幕感知因子的三维网格简化方法，根据实际手语动画合成的应用需求，对三维虚拟人模型进行自适应显示并在普适终端上进行手语动画合成，有效地利用移动终端的表现能力，满足特定人群人机交互的要求。[①]

8.5.1　手语动画合成相关背景

手语是听力残障人群日常生活中使用的语言。根据研究表明，聋人对文字信息的接受速度仅为 15~25WPM（Words Per Minute，WPM）；而对于手语信息的接受速度却高达 175~225WPM，是理解文字信息速度的 7~10 倍。这主要是因为手语语法与汉语文法有着很大的不同，所以导致聋人在阅读和理解速度上对文字信息有一定的障碍。因此，将文本信息自动转化为手语，并通过虚拟人进行手语动画合成，可以使聋人能够从多方面捕获信息，帮助他们更加及时、准确而高效地获得信息、分享信息以及利用信

---

　　① 本节中对手语脚本的定义、动画合成显示是来源于笔者博士期间参与的科研项目，采用的虚拟人模型是由北京工业大学提供的。

息，进一步缩短他们与健听人之间的交流障碍。美国、日本、德国等许多国家（Shantz and Poizner，1982；Lee，1999；Tomuro et al.，2000；Helori et al.，2006；Karpouzisa et al.，2007）都进行了自己国家的手语合成研究。在我国，徐琳等（2000）从机器翻译的角度对中国手语进行了语言学方面的分析工作，实现了基于规则的中国手语合成系统。陈益强和高文等（2002）提出了基于多角色虚拟人模型的中国手语三维显示。Chiu 等（2007）提出了我国台湾地区手语动画合成。颜庆聪等（2009）提出了面向广电节目的虚拟人手语播报系统。Li 等（2014）还提出了基于 XML 的中国手语标记语言 CSLML，进行多模态的手语动画生成。上述系统的研究都是面向传统 PC 的。

我们将基于屏幕感知因子的手语动画的自适应显示方法用于对驱动手语动画生成的脚本文件实现流式传输，设计实现了面向移动终端的手语动画合成系统，并进一步探讨了在高清数字电视机顶盒上实现手语动画合成的解决方案。

8.5.2　面向普适终端的手语动画合成及显示

面向普适终端的手语动画合成主要包括两个部分：用于显示三维手语动画的虚拟人建模和用于驱动手语动作的手语脚本文件生成，如图 8-5 所示。

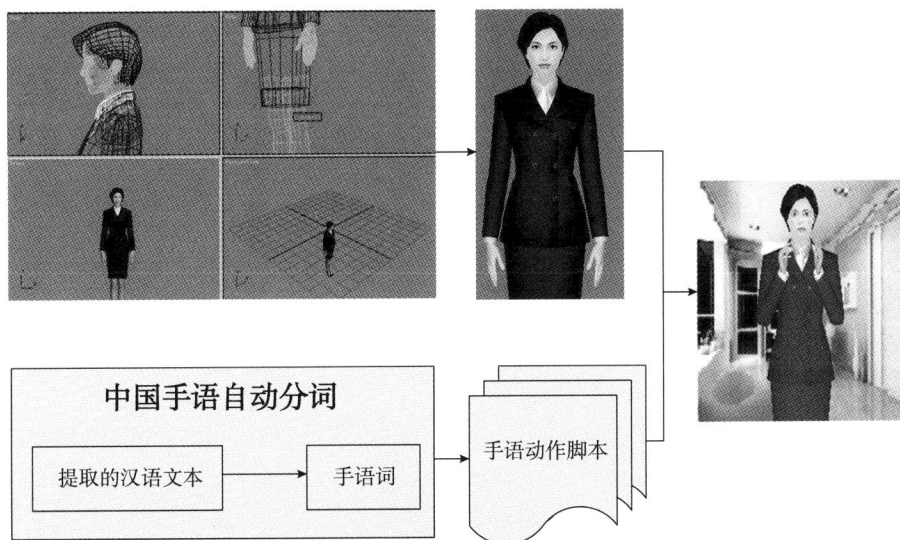

图 8-5　面向普适终端的手语动画合成基本过程

虚拟人建模需要考虑终端屏幕的显示分辨率，为不同尺寸的终端提供不同显示精度的虚拟人模型。手语脚本文件的生成需要对汉语自动分词将其转化为可被绘制部分所识别的手语动作序列、生成面向聋人的手语信息。图 8-6 为手语合成服务器端及客户端的系统架构。服务器端主要包括手语合成模块、自适应虚拟人建模模块和传输控制模块。手语合成模块通过中国手语字典和中国手语韵律分析数据库对汉语文法进行自动分词、韵律、文法分析生成手语脚本文件。自适应虚拟人建模模块则从数据库中读取虚拟人模型根据客户端的设备参数生成符合目标屏幕显示的虚拟人模型数据。利用有线或无线网络通过流式压缩将虚拟人模型传输到客户端。客户端通过操作系统提供的网络接口 API，对服务器进行访问，获取虚拟人模型及手语动画的脚本数据。

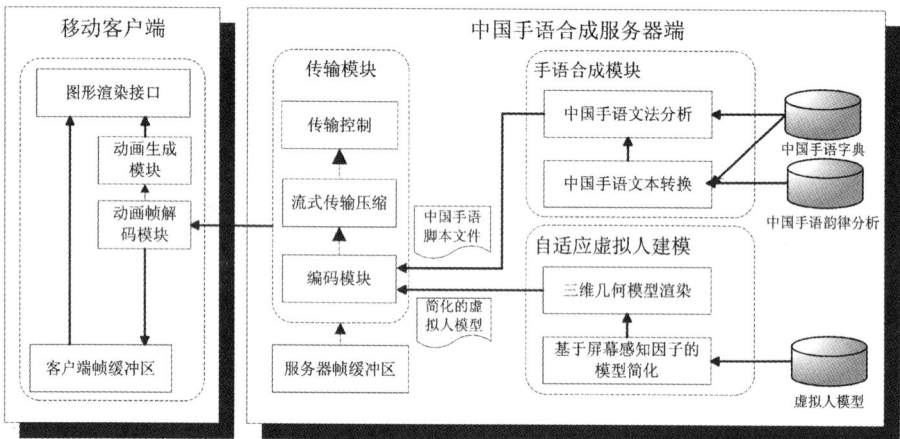

图 8-6　面向普适终端的手语动画合成及显示系统架构

在接收到虚拟人模型之后，首先对虚拟人模型进行重构，其次根据接收到的手语脚本文件，渲染显示模块可利用 OpenGL ES 提供的 3D 图形接口，完成三维人体模型在终端上的渲染和显示，形成手语动画，完成手语信息服务的交互。用户可在普适终端上通过键盘、鼠标或触摸屏对手语动画的内容和显示进行控制。另外，考虑到普适网络的动态性特点，为解决时延问题，在服务器端和客户端分别设置缓冲区，对脚本数据采用流式传输显示的方法，即系统不等待整个脚本文件完全下载，支持对已接收的部分脚本进行解码生成手语动画显示。

8.5.3　虚拟人模型建模与简化

由于手语动作中细微的差别就会产生不同的语意，因此对虚拟人模型的精度要求较高，特别是手部，需要精细的模型。以往基于 PC 的虚拟人模型不考虑屏幕的显示精度，因此模型数据庞大。本系统中最初的原始模型达到了 35058 个面片数量，如果将其装入移动终端，系统根本无法运行。因此，利用给出的基于屏幕感知因子的三维几何模型简化方法，可以使虚拟人模型既满足精度的要求，又不会造成移动终端有限资源的浪费。图 8-7 给出了虚拟人模型的简化效果。可以看出原本模型的脸部细节过于复杂，

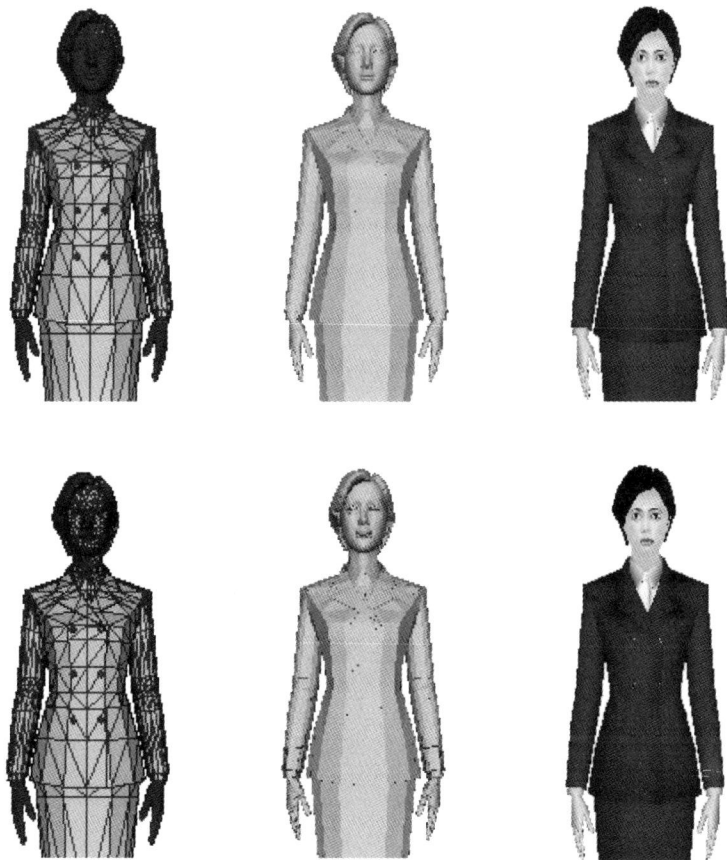

图 8-7　虚拟人模型处理

注：上为未简化的虚拟人模型；下为简化后的虚拟人模型。

信息冗余，经过简化得到的虚拟人模型可以满足显示的需要，经过纹理材质映射后，效果与原始模型几乎没有差别，但模型的大小已简化至初始模型的 1/4。根据不同目标终端屏幕的分辨率，模型还可以进一步简化，生成与目标终端相匹配的虚拟人模型，既保证显示的精度，又不浪费有限资源，为手语动画生成提供保证。

虚拟人三维模型是由顶点、边和面构成。具体来说，Vertex3d、Edge 和 Face 三个类构成了存储三维网格数据的基本存储结构，其中 Vertex3d 类存储点的坐标、序号、法向量等信息，同时记录该点的邻接点序号以及该点是否是边界点；Edge 类存储边的两个顶点的序号、边的序号，同时记录该边的邻接面序号和该边是否是边界边；Face 类存储面的三个顶点的序号、面的序号、面的法向量，同时记录该面的邻接面序号。

对于顶点 Vertex3d 类的定义结构为：

```
class Vertex3d
{
public:
    float     m_Position[3];          //顶点的坐标
    // Neighbors (faces and vertices)
    CArray<int, int>   m_ArrayVertexNeighbor;
    CArray<int, int>   m_ArrayFaceNeighbor;
    int m_Serial;                     //每个顶点的序号
    int m_Flag;                       //标注顶点是否是边界点
    Normal * m_pNormal;
public:
    Vertex3d(void);
    ~Vertex3d(void);
    Vertex3d(float x, float y, float z,int t=-1);
    int IfInVertexNeighbor(int a); //是否存在于该点的邻接点数组中
    int IfOnBoundary(void);           //若相邻点数大于相邻面数,则该点
为边界点
    }
```

对于边 Edge 类的定义结构为：

```
class Edge
{
public:
    int m_Vertex[2];                //边的两个端点
    CArray<int,int>  m_ArrayFaceNeighbor; //边的邻接面
    int m_Serial;

public:
    Edge(void);
    ~Edge(void);
    int IfTheSameEdge(Edge*a);          //判断两条边是否相同
    int IfTheSameEdge(int a, int b);    // 判断两条边是否相同
    Edge(int a, int b,int t=-1);
}
```

对于面 Face 类的定义结构为：

```
class Face
{
public :
    int m_vertex[3];        //面的顶点
    CArray<int,int> m_ArrayEgde;  //面的构成边
    int m_serial;
    Normal * m_pNormal;//该面的法向量

public:
    Face(void);
    ~Face(void);
    Face(int a, int b, int c,int t=-1);
    int IfInFace(int a);//如果一点存在于该面中,则返回该点序号,否则返回-1
    int IfHasTheSameEdge(Face*a);//两个面如果存在公共边,则返回1,
否则返回0
    int GetThirdVertex(Edge*m_pEdge);
}
```

```
        int GetShareVertex (Edge * m_pEdge1, Edge * m_pEdge2);//m_
pEdge1,m_pEdge2 分别为面中的两条边(这是该函数正常运行的前提条件),返回这
两条边公共顶点的序号
    }
```

在虚拟人三维模型的基础上，定义手语模型的基本数据结构。手语模型的结构主要使用人体的手臂模型，基本数据结构由 Part、Segment、Joint 和 Limbs 四个类组成。其中 Part 类用于存储网格数据及相关信息，是其他三个类的基础。Part 类中主要存储了三维网格的顶点、边、面信息，以及三维网格的材质纹理等渲染绘制所需的信息。在 Part 类中，三维网格数据主要以 Vertex3d、Edge 和 Face 类的成员对象的形式存储。Part 类数据结构为：

```
class Part
{
public:
    //光照及渲染
    float m_AmbientIntensity;
    float m_DiffuseColor[3];
    float m_SpecularColor[3];
    float m_Shininess;
    int m_Transparency;
    CString m_ImageTexture;
    AUX_RGBImageRec * image;
    //顶点、面及法向等相关信息
    CArray3d<Vertex3d> m_ArrayVertex;
    CArray3d<Face> m_ArrayFace;
    CArray3d<Texcoord> m_ArrayTexCoord;
    CArray3d<Face> m_ArrayTexIndex;
    CArray3d<Normal> m_ArrayNormal;
    bool m_Solid;
    int m_CreaseAngle;
    int m_Translation[3];
    int m_Rotation[4];
```

```
    int m_Scale[3];
    int m_ScaleOrientation[4];
public:
    Part(void);
    ~Part(void);
    void CalNormal(void);
}
```

Segment 类存储表示骨骼的相关信息。实际上 Segment 类的主要作用是将关节与附着的网格，以及记录网格数据的文件联系起来。Segment 类数据结构为：

```
class Segment
{
public:
    CString seg_name;
    CString seg_filename;
    int part_start_num;
    int part_total_num;
    OperationPart*operPart;
public:
    Segment(void);
    ~Segment(void);
}
```

Joint 类存储在手语动画中有重要作用关节的位置信息，同时存储该关节下的子关节和与该关节直接相连的一段骨骼。Joint 类数据结构为：

```
class Joint
{
public:
    CString m_Name;
```

```
    float m_Center[3];
    int m_Rotation[3];
    Joint*m_Children[10];    //该关节下的子关节和与该关节直接相连的
一段骨骼
    Segment*seg;              //相关联的骨骼
    bool sensor;

    int num_children;
public:
    Joint(void);
    ~Joint(void);
}
```

Limbs 类用来存储手臂使用。骨骼 Segment、关节 Joint 和附着在骨骼上的网格 Part 三者就构成了手语动画模型的关键组成部分，即手臂。Limbs 类的数据结构为：

```
class Limbs
{
    public:
int num;
Joint*left_upper_arm;      //左上臂关节
Joint*left_lower_arm;      //左下臂关节
Joint*left_palm;           //左手手腕
Joint*left_finger[5][3];   //左手手指关节
Joint*right_upper_arm;     //右上臂关节
Joint*right_lower_arm;     //右下臂关节
Joint*right_palm;          //右手手腕
Joint*right_finger[5][3];//右手手指关节
    public:
Limbs();
~Limbs();
}
```

8.5.4　手语动画脚本处理与传输

手语脚本用来驱动三维虚拟人模型完成手语动作。通过手的形状、位置和方向的变化并配合适当的表情或姿势来表达语意。脚本使用 XML 语言，以单个动作帧为最小单位，给出了手语动画脚本的定义，如图 8-8 所示，一个单帧动画脚本的主要结构包括内容标签和帧动作控制两部分。其中，最为关键的是上肢的动作控制。每帧的动作控制元素主要包括帧韵律控制、肢体动作控制数据。肢体动作控制数据包含了双肩、双肘、双腕和双手指关节等共 36 个关节的三维旋转角度，用来控制各部分模型的运动。

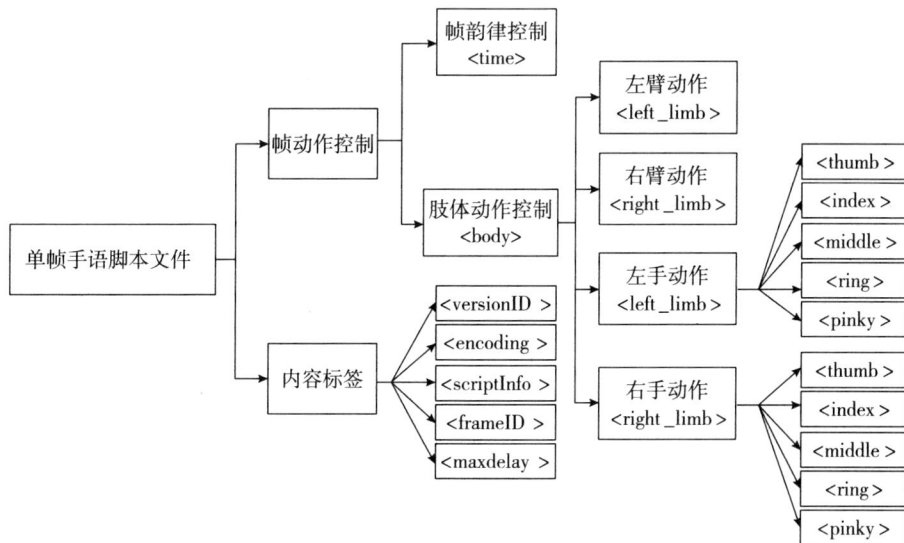

图 8-8　手语动画脚本结构

内容标签主要是说明每帧的信息。其中，<versionID>和<encoding>包含脚本的版本、格式及相应处理器等信息；<scriptInfo>标识该脚本的内容及总帧数等信息；<frameID>和<maxdelay>分别标识该帧的编号和手语动画语意允许的该帧与下一帧之间的最大帧间延时时间。

在普适终端的网络环境下，尤其是无线网络环境下，网络资源和传输带宽都具有动态性变化的特点。如果总是等待整个脚本下载完成装入内存再开始显示手语动画，往往容易造成系统延时过长、效率下降。为适应不同带宽能力的网络传输，降低系统延时，提高系统运行效率，因此采用流式传输方法处理脚本传输。服务器端可根据客户端的设备参数、网络的带宽和可靠程度等情况进行设置脚本文件的最小发送包，放入缓冲区，通过普适网络发送到客户端。客户端也无须等待整个脚本完全传输完毕才进行动画生成。只要接收到一个相对完整的动作帧，即可依据帧编号，在终端上进行手语动画绘制渲染，根据脚本中的帧控制时间信息进行手语韵律与节奏的调整和控制。直到<scriptInfo>中标识的所有帧都传输完毕或者传输延时超过了<maxdelay>，传输过程结束。

图 8-9 是手语动画系统在终端上显示"大家好"的动画效果图。

图 8-9　在终端的显示手语动画"大家好"效果

8.6　数字家庭中的三维手语动画交互系统设计

伴随"有线电视数字化、数字电视高清化"和"三网融合"进程的加速，数字电视作为在家庭中应用最为广泛的普适终端，不单是家庭中信息显示中心，同时还逐渐成为重要的信息存储中心以及家庭内部众多终端设备的智能控制中心。观看电视节目的方式也由单一、被动的单向接受模式转变为用户与数字电视、用户与智能可视媒体的双向、主动的交互模式。在数字电视方面，目前在市场上广泛应用的数字电视机顶盒已经可以提供标清电视和高清电视以及数据广播、电子政务等多项业务，这为提高听力功能障碍人群的生活质量，同时也为促进数字电视产业发展提供了有利条件。结合交互式图形计算模型，通过数字电视进行手语信息播报的系统对于帮助听力功能障碍人群更快捷、有效地掌握信息，扩大听力功能障碍人

群与正常人群的交流，增加他们的受教育机会与推广手语的标准化过程都
有着极为重要的作用和深远的意义。

　　目前，机顶盒已经由原来单一的数模转换机顶盒发展到可支持网络接
入，具有多种编码能力和图形处理功能等双向高清机顶盒，可以支持包括
数字电视在内的视频点播、时移电视、网络浏览、信息服务及互动游戏等
业务功能。表 8-2 给出了某款高清双向交互式机顶盒的性能指标，从中可
以看出机顶盒对图形应用有强大的支持，因此对开发图形应用程序提供了
有利的条件。

表 8-2　高清双向交互式机顶盒性能指标

序号	项目	要求
1	CPU	2GHz 双核 ARM Cortex-A9 处理器
2	内存	DDR3-800 1GB
3	存储器	8G SSD
4	操作系统	Android/Linux
5	DVB	支持符合标准的 DVB 业务信息（SI）
6	图形应用	多核 2D/3D 图形处理器 支持 OpenGL ES 2.0
7	分辨率	分辨率支持 1920×1080（1080P）@60Hz

8.6.1　三维手语动画合成

　　在数字机顶盒上实现三维手语动画，需要从机顶盒接收到的 MPEG-2
视频流中提取字幕文本信息，利用文本合成手语动画，再压缩成视频流，
与原视频流叠加，然后通过数字机顶盒的输出接口在数字电视上进行显示。

　　图 8-10 给出了手语合成的流程。机顶盒根据在主画面上显示的电视节
目频道号，可向上搜索到相应节目音频信息的 PID 号和视频信息的 PID 号，
把这些 PID 送到解复用器中，可以分别得到音频、视频信号的数据。把它
们分别送到音频、视频中，便可以得到主画面的音视频信号。从 TS 流中获
取视频的字幕文本信息，利用手语动画合成器将文本信息翻译成手语动画，
然后与主画面的视频信号通过视频编码器经过视频合成器进行组合。在主

画面上的某个区域建立一个画中画的窗口，用于显示手语动画。

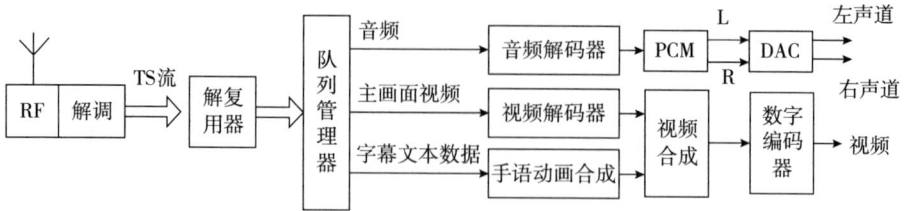

图 8-10 数字电视手语动画合成信号流程

8.6.2 手语动画显示

利用机顶盒接收信号观看数字电视，可以看到在正常播放节目的同时，节目画面上方出现控制图形窗口，可通过机顶盒的图形（Graphics）子系统来完成。对于需要显示手语动画的视频节目，将图像对象块、图像图形显示、图标等放在不同的图像层次，利用 Graphics 子系统的图形显示处理器对屏幕显示（On-Screen Display，OSD）信息的控制，用于产生重叠显示的分层列表；视频混合器将 MPEG-2 解码器输出的视频节目、外部输入视频信号以及手语动画进行合成，得到合成的输出视频，即可完成显示，显示结构如图 8-11 所示。

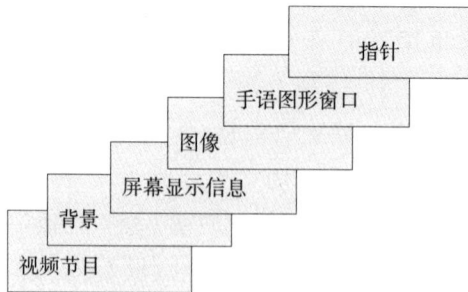

图 8-11 手语动画显示分层结构

图 8-12 是在数字电视上演示手语动画的效果示意图。根据用户需要，当用户发出指令，机顶盒即可调用手语显示程序，并在数字电视上进行手语动画渲染显示。

图 8-12　在数字电视上演示手语动画示意图①

8.7　本章小结

本章提出了普适图形交互计算模型，并在客户端对渐进式模型进行了渲染。同时，将方法应用到具体项目实例中，阐述了普适终端手语动画系统的设计与实现，并在移动终端设备上进行验证。进一步探讨了在数字电视上实现手语动画交互的设计方案。

---

① 图片来源于国家数字家庭应用示范产业基地。

9　总结与展望

随着"显示无处不在"的概念提出，普适终端上的三维图形计算成为一个极具生命力的研究课题。针对普适终端的三维图形显示及交互式应用需求，本书研究了三维图形数据的表示、渐进式传输与自适应显示等问题。在本书第 2 章和第 3 章介绍了细分方法的基础，现有的细分曲面历史及不同细分曲面的表示方法，在第 4 章和第 5 章提出了基于融合细分的曲线数据表示方法，在第 6 章提出了面向普适终端的快速三重细分曲面表示方法，在第 7 章提出了基于屏幕感知因子的图形简化及流式传输方法，并以此为基础，在第 8 章提出一个面向普适终端的交互式几何图形计算模型，并将方法应用于三维手语动画合成系统。

9.1　内容回顾与总结

为解决由于三维几何数据数量和复杂度的急剧增长，以及不同计算终端不同的三维图形处理能力、存储器、电源以及不同的网络条件所带来的问题，本书主要研究面向普适终端的三维几何建模及传输显示方法，从普适图形的建模及数据存储，到普适计算环境下的渐进传输、在移动设备上的实时渲染显示等方面提出了新的方法和技术实现算法，主要研究内容包括：

（1）针对普适环境下的矢量图形快速绘制，基于细分方法的几何规则，归纳出一般逼近细分与插值细分的内在联系，实现了无须求解线性方程组即可得到新的逼近与插值统一的融合细分方法。提出两种融合细分曲线的计算模板，提高了融合细分曲线方法的连续性。通过增加权值参数，可方便地控制细分曲线的形状和进行局部插值操作，可实现快速的交互式光滑曲线绘制。

（2）研究三重细分曲面造型方法，通过 1~9 分裂算子，给出了规则点处的细分模板，并通过 Fourier 分析，给出了非规则点处的细分模板。通过特征值和特征映射分析，生成的三重细分曲面能够达到 C^2 连续，在非规则点处达到 C^1，细分曲面收敛速度快，适合于面向普适终端的显示，保证了在不同显示精度下几何模型的光滑性。

（3）为充分利用网络传输带宽，并适应终端的渲染能力，提出一种基于屏幕感知因子（DRV Factor）的几何图形简化及流式传输方法。在进行网格简化时充分考虑终端的显示和渲染能力，最大限度地减少用户不可感知的冗余数据，并且采用流式网格方法，生成渐进式多分辨率层次模型，进行网格流式渐进传输。算法生成码流速度快，客户端不需要等待整个模型下载完毕就可以开始进行渲染。利用本算法可显著简化网格和传输需要的内存和网络带宽。算法具有实时性并且可以处理任意规模的网格。

（4）根据实际应用的需求并结合提出的三维几何曲面造型方法及压缩传输算法，提出面向普适终端的几何图形交互计算模型。在此基础上，将计算模型应用于手语动画的交互信息服务，对虚拟人模型的简化以 DRV Factor 作为衡量标准。对脚本数据采用流式传输显示的方法，系统不等待整个脚本文件完全下载，支持对已接收的部分脚本进行动态流式的显示。充分利用普适终端的计算和网络资源，通过交互式三维手语动画为使用者随时随地提供普适信息服务。

9.2 将来的工作

随着图形技术的不断进步，人们对三维图形的实时交互应用的需求越来越多，面向普适终端的三维图形显示及交互应用仍将是数字几何处理重要的研究课题。笔者将根据目前工作中存在的不足展开更加深入的研究：

（1）虽然对所提出的新细分模式作了细致的研究，但由于目前暂未找到有效的关于细分方法在非均匀非静态情况下奇异点处的连续性证明方法，有待进一步研究。提出的流式网格传输方法对三维模型的要求具有细分连通性，因此具有一定的局限性，需要进一步考虑对任意网格的流式渐进传输方法，改进算法，使之应用更加广泛。

（2）提出的几何图形计算模型还有一些可以改进和优化的地方。首先，该方法是主要针对计算和显示能力较弱的普适终端设备提出的，在算法的设计上更注重计算量和显示效果间的平衡，而对于现在市场上越来越多的具有很强计算能力的终端设备，可以更多地考虑显示效果的优化，可进一步考虑将融合细分方法。其次，综合考虑纹理、光照等因素对三维网格在终端显示的影响，也是值得深入研究的问题。

此外，对数字家庭中的三维手语动画交互系统做了初步探讨，在接下来的工作中，将结合数字电视综合运营支撑平台以及数字电视终端的研发工作，不断优化三维手语动画交互系统，实现可运营化的面向数字电视的中国手语服务平台，为我国听力障碍人群能和健听人一样方便获取信息服务进行更加深入的理论研究和技术开发。

参考文献

［1］A. A. Ball, D. J. T. Storry. Conditions for Tangent Plane Continuity over Recursively Generated B-Spline Surfaces ［J］. ACM Transactions on Graphics, 1988, 7（2）: 83-102.

［2］A. Amresh, J. Femiani, C. Fünfzig. Methods for Approximating Loop Subdivision Using Tessellation Enabled GPUs ［C］. Lecture Notes in Computer Science（International Symposium on Visual Computing）, 2012.

［3］A. Cavaretta, W. Dahmen, C. Micchelli. Stationary Subdivision ［C］. Memoirs of the AMS 93, 1991: 1-186.

［4］A. Habib, J. Warren. Edge and Vertex Insertion for a Class of C1 Subdivision Surfaces ［J］. Computer Aided Geometric Design, 1999, 16（4）: 223-247.

［5］A. Heloir, S. Gibet, F. Multon, et al. Captured Motion Data Processing for Real Time Synthesis of Sign Language ［J］. Lecture Notes in Computer Science, 2006（3881）: 168-171.

［6］A. J. Stewart. Tunneling for Triangle Strips in Continuous Level-of-detail Meshes ［C］. Canadian Information Processing Society, 2001.

［7］A. Khodakovsky, P. Schroeder, W. Sweldens. Progressive Geometry Compression ［C］. Proceedings of SIGGRAPH'00, 2000.

［8］A. Levin, D. Levin. Analysis of Quasi Uniform Subdivision ［J］. Applied and Computational Harmonic Analysis, 2003, 15（1）: 18-32.

［9］A. Maximo, L. Velho, M. Siqueira. Adaptive Multi-Chart and Multiresolution Mesh Representation ［J］. Computers & Graphics, 2014（38）: 332-340.

［10］A. Maximo, L. Velho, M. Siqueira. Adaptive Multi-Chart and Multiresolution Mesh Representation ［J］. Computers & Graphics, 2013, 38（1）: 332-340.

［11］A. Patney, M. S. Ebeida, J. D. Owens. Parallel View-Dependent

Tessellation of Catmull-Clark Subdivision Surfaces [C]. New York: Proceedings of the Conference on High Performance Graphics 2009 (HPG'09), 2009.

[12] A. Szymczak, D. King, J. Rossignac. An EdgeBreaker-Based Efficient Compression Scheme for Regular Meshes [C]. Proceedings of the 12th Canadian Conference on Computational Geometry, 2000.

[13] A. Weissman. A 6-Point Interpolatory Subdivision Scheme for Curve Design [D]. Tel Aviv, Israel: Tel-Aviv University, 1990.

[14] B. Hamann. A Data Reduction Scheme for Triangulated Surface [J]. Computer Aided Geometric Design, 1994, 11 (2): 197-214.

[15] B. Speckmann, J. Snoeyink. Easy Triangle Strips for TIN Terrain Models [C]. Proceedings of 9th Canadian Conference on Computational Geometry, 1997.

[16] C. A. De Boor. A Practical Guide of Splines [M]. New York: Springer-Verlag, 1978.

[17] C. A. De Boor. On calculating with B-spline [J]. Journal of Approximation Theory, 1972, 6 (1): 50-62.

[18] C. Bajaj, G. Zhuang, S. Cutchin, et al. Error Resilient Streaming of Compressed VRML [R]. Technical Report, 1998.

[19] C. Deng, W. Ma. Weighted Progressive Interpolation of Loop Subdivision Surfaces [J]. Computer-Aided Design, 2012, 44 (5): 424-431.

[20] C. Loop. Smooth Subdivision Surfaces Based on Triangles [D]. Salt Lake City, Utah: University of Utah, 1987.

[21] C. Loop, S. Schaefer, T. Ni, et al. Approximating Subdivision Surfaces with Gregory Patches for Hardware Tessellation [J]. ACM Transactions on Graphics (TOG), 2009, 28 (5): 1-9.

[22] C. Touma, C. Gotsman. Triangle Mesh Compression [C]. Proceedings of Graphics Interface'98, 1998.

[23] C. V. Beccari, G. Casciola, L. Romani. A Unified Framework for Interpolating and Approximating Univariate Subdivision [J]. Applied Mathematics and Computation, 2010, 216 (4): 1169-1180.

[24] D. Cohen-Or, D. Levin, O. Remez. Progressive Compression of Arbitrary Triangular Meshes [C]. Proceedings of IEEE Visualization'99, 1999.

[25] D. Doo, M. Sabin. Behavior of Recursive Division Surfaces Near Ex-

traordinary Points [J]. CAD, 1978, 10 (6): 356-360.

[26] D. Ginsburg, B. Purnomo, D. Shreiner, et al. OpenGL ES 3.0 Programming Guide (2nd Edition) [M]. Hoboken, NJ: Addison-Wesley Professional, 2014.

[27] D. G. Park, Y. S. Kim, H. G. Cho. Triangle Mesh Compression for Fast Rendering [C]. Proceedings of IEEE Information Visualization'99, 1999.

[28] D. Kasik, A. Dietrich, E. Gobbetti, et al. Massive Model Visualization Techniqus [C]. Computer Graphics Proceedings, Annual Conference Series, ACM SIGGRAPH, 2008.

[29] D. King, J. Rossignac. Guaranteed 3.67V Bit Encoding of Planar Triangle Graphs [C]. Proceedings of 11th Canadian Conference on Computational Geometry, 1999.

[30] D. Levin. Using Laurent Polynomial Representation for the Analysis of Non-Uniform Binary Subdivision Schemes [J]. Advance Computer Mathematics, 1999, 11 (1): 41-54.

[31] D. Zorin. C^k Continuity of Subdivision Surfaces [D]. Pasaden, California: California Institute of Technology, 1997.

[32] D. Zorin. Modeling with Multiresolution Subdivision Surfaces [C]. Boston, Massachusetts: ACM SIGGRAPH 2006 Courses, 2006.

[33] D. Zorin, P. Schroder. A Unified Framework for Primal/Dual Quadrilateral Subdivision Schemes [J]. Computer Aided Geometry Design, 2001, 18 (5): 429-454.

[34] D. Zorin, P. Schroder, W. Sweldens. Interpolating Subdivision for Meshes with Arbitrary Topology [C]. Proceeding of SIGGRAPH 96, 1996.

[35] D. Zorin. Stationary Subdivision and Multiresolution Surface Representation [D]. Pasadena, California: California Institute of Technology, 1998.

[36] D. Zorin. Subdivision Zoo (Chapter 4) [C] // Zorin D., Schröder P. Subdivision for Modeling and Animation (SIGGRAPH'99 Course Note). Los Angeles, California: Publications Dept., ACM Inc., 1999.

[37] E. Catmull, J. Clark. Recursively Generated B-Spline Surfaces on Arbitrary Topological Meshes [J]. Computer Aided Design, 1978, 10 (6): 350-355.

［38］ E. Cohen, T. Lyche, R. Riesenfeld. Discrete B-Splines and Subdivision Techniques in Computer Aided Geometric Design and Computer Graphics ［J］. Computer Graphics and Image Processing, 1980, 14（2）: 87-111.

［39］ F. Evans, S. Skiena, A. Varshney. Optimizing Triangle Strips for Fast Rendering ［C］. Proceedings of IEEE Vizualization'96, 1996.

［40］ F. Ramos, M. Chover, O. Ripolles. A Multiresolution Approach to Render 3D Models ［J］. Informatica, 2013, 24（4）: 603-618.

［41］ F. Wu, E. Agu, C. Lindsay. Pareto-Based Perceptual Metric for Imperceptible Simplification on Mobile Displays ［C］. Proceeding of Eurographics 2007, Prague, Czech Republic, 2007.

［42］ F. Wu, E. Agu, M. Ward. Multiresolution Graphics on Ubiquitous Displays Using Wavelets ［J］. International Journal of Virtual Reality, 2006, 5（3）: 9-15.

［43］ G. Alregib, Y. Altunbasak. An Unequal Error Protection Method for Packet Loss Resilient 3-D Mesh Transmission ［C］. Proceedings of INFOCOM, 2002.

［44］ G. Alregib, Y. Altunbasak, J. Rossignac. Error-resilient Transmission of 3d Models ［J］. ACM Transaction on Graphics, 2005, 24（2）: 182-208.

［45］ G. Alregib, Y. Altunbasak, R. M. Mersereau. Bit Allocation for Joint Source and Channel Coding of Progressively Compressed 3-d Models ［J］. IEEE Transactions on Circuits and Systems for Video Technology, 2005, 5（2）: 256-268.

［46］ G. Alregib, Y. Altunbasak. 3TP: 3-D Models Transport Protocol ［C］. New York, USA: Proceedings of Web3D'04, 2004.

［47］ G. Chaikin. An Algorithm for High Speed Generation ［J］. Computer Graphics & Image Processing, 1974, 3（4）: 346-353.

［48］ G. Farin. Curves and Surfaces for CAGD（Fifth Edith）［M］. American: Academic Press, 2002.

［49］ G. Farin, J. Hoschek, M. S. Kim. Handbook of Computer Aided Geometric Design ［M］. B. V.: Elsevier Science, 2002.

［50］ G. Lavoue, F. Dupont, A. Baskurt. Toward a Near Optimal Quad/Triangle Subdivision Surface Fitting ［C］. Proceedings of IEEE International Conference on 3-D Digital Imaging and Modeling, 2005.

［51］ G. Li, C. Ren, J. Zhang, et al. Approximation of Loop Subdivision Surfaces for Fast Rendering [J]. IEEE Transactions on Visualization and Computer Graphics, 2011, 17 (4): 500-514.

[52] G. Li, W. Ma. A Method for Constructing Interpolatory Subdivision Schemes and Blending Subdivisions [J]. Computer Graphics Forum, 2007, 26 (2): 185-201.

[53] G. Li, W. Ma. Interpolatory Ternary Subdivision Surfaces [J]. Computer Aided Geometric Design, 2006, 23 (1): 45-77.

[54] Gordon W. J., Riesenfeld R. F. B-Spline Curves and Surfaces [J]. Computer Aided Geometric Design, 1974, 23 (91): 95-126.

[55] G. Taubin, A. Gueziec, W. P. Horn, et al. Progressive Forest Split [C]. Proceeding of SIGGRAPH'98, 1998.

[56] G. Taubin, J. Rossignac. Geometric Compression through Topological Surgery [J]. ACM Transactions on Graphics, 1998, 17 (2): 84-115.

[57] G. Taubin, W. Horn, F. Lazarus, et al. Geometry Coding and VRML [J]. Proceedings of the IEEE, 1998, 86 (6): 1228-1243.

[58] G. Turan. On the Succinct Representations of Graphs [J]. Discrete Applied Mathematics, 1984, 22 (8): 289-294.

[59] G. Umlauf. Analyzing the Characteristic Map of Triangular Subdivision Schemes [J]. Constructive Approximation, 2000, 16 (1): 145-155.

[60] H. Hoppe. Progressive Meshes [C]. Proceedings of Siggraph'96, 1996: 99-108.

[61] H. Hoppe. Smooth View-Dependent Level-of-Detail Control and Its Application to Terrain Rendering [C]. Research Triangle Park, North Carolina, USA, 1998.

[62] H. Prautzsch. Analysis of G^k-Subdivision Surfaces at Extraordinary Points [R]. Presented at Oberwolfach, 1995.

[63] H. Prautzsch, G. Umlauf. A G^2 and a G^k Subdivision Scheme for Triangular Nets [J]. International Journal of Shape Modelling, 2000, 6 (1): 21-35.

[64] H. Prautzsch. Smoothness of Subdivision Surfaces at Extraordinary Points [J]. Advances in Computational Mathematics, 1998, 9 (3): 377-389.

[65] H. Zhang, G. Wang. Semi-Stationary Push-Back Subdivision Schemes [J]. Journal of Software, 2002, 13 (4): 1-10.

［66］ H. Zhang, G. Wang. Semi-Stationary Subdivision Operators and Their Applications in Geometric Modeling ［J］. Progress in Natural Science, 2002, 12 (7): 772-776.

［67］ J. Bloomenthal, C. Bajaj, J. Blinn, et al. Introduction to Implicit Surfaces ［M］. San Francisco: Morgan Kaufman Publishers, 1997.

［68］ J. Claes, K. Beets, F. Reeth. Turning the Approximating Catmull-Clark Subdivision Scheme into a Locally Interpolating Surface Modeling Tool ［C］. Proceedings of Shape Modeling and Applications, 2001.

［69］ J. Darragh, I. Witten. The Reactive Keyboard. Cambridge Series on Human-Computer Interaction ［M］. Cambridge: Cambridge University Press, 1992.

［70］ J. Gallie. Curves and Surfaces in Geometric Modeling: Theory and Algorithms ［M］. San Francisco: Morgan Kaufmann Publishers, 2002.

［71］ J. Kim, R. M. Mersereau, Y. Altunbasak. Error-Resilient Image and Video Transmission over the Internet Using Unequal Error Protection ［J］. IEEE Transaction Image Processing, 2003, 12 (2): 121-131.

［72］ J. Lane, R. Riesenfeld. A Theoretical Development for the Computer Generation and Display of Piecewise Polynomial Surfaces ［J］. IEEE Transactions on Pattern Analysis and Machine Intelligence, 1980, 2 (1): 35-46.

［73］ J. Lee. Using the 3D Hand Model to Recognize Stationary Hand Signs ［J］. International Journal of Modeling and Simulation, 1999, 19 (1): 24-32.

［74］ J. Li, B. Yin, L. Wang, et al. Chinese Sign Language Animation Generation Considering Context ［J］. Multimedia Tools & Applications, 2014, 71 (2): 469-483.

［75］ J. Maillot, J. Stam. A Unified Subdivision Scheme for Polygonal Modeling ［J］. Proceedings of EUROGRAPHICS'01, 2001, 20 (3): 471-479.

［76］ J. Peters, L. J. Shiue. Combining 4-and 3-Direction Subdivision ［J］. ACM Transactions on Graphics, 2004, 23 (4): 980-1003.

［77］ J. Peters, U. Reif. Analysis of Algorithms Generalizing B-Spline Subdivision ［J］. SIAM Journal on Numerical Analysis, 1998, 35 (2): 728-748.

［78］ J. Peters, U. Reif. The Simplest Subdivision Scheme for Smoothing Polyhedra ［J］. ACM Transactions on Graphics, 1997, 16 (4): 420-431.

［79］ J. Rossignac, A. Szymczak. Wrap & Zip Decompression of the Connectivity of Triangle Meshes Compressed with Edge-Breaker [J]. Journal of Computational Geometry, Theory and Applications, 1999, 14 (1): 119-135.

[80] J. Rossignac. EdgeBreaker: Connectivity Compression for Triangle Meshes [J]. IEEE Transactions on Visualization and Computer Graphics, 1999, 5 (1): 47-61.

[81] J. Rossignac. Education-Driven Research in CAD [J]. Computer-Aided Design, 2004, 36 (14): 1461-1469.

[82] J. Shen, J. Kosinka, M. Sabin, et al. Converting a CAD Model into a Non-Uniform Subdivision Surface [J]. Computer Aided Geometric Design, 2016, 48 (11): 17-35.

[83] J. Stam, C. Loop. Quad/Triangle Subdivision [J]. Computer Graphics Forum, 2003, 22 (1): 79-86.

[84] J. Stam. On Subdivision Schemes Generalizing Uniform B-Spline Surfaces of Arbitrary Degree [J]. Computer Aided Geometry Design, 2001, 18 (5): 383-396.

[85] J. Wallner, N. Dyn. Convergence and C1 Analysis of Subdivision Schemes on Manifolds by Proximity [J]. Computer Aided Geometry Design, 2005, 22 (7): 593-622.

[86] J. Warren, D. Joseph. Subdivision Methods for Geometric Design: A Constructive Approach [M]. San Francisco, CA: Morgan Kaufmann Publishers, 2002.

[87] J. Warren, S. Schaefer. A Factored Approach to Subdivision Surfaces [J]. IEEE Computer Graphics and Applications, 2004, 24 (3): 74-81.

[88] K. Bandara, T. Rueberg, F. Cirak. Shape Optimisation with Multiresolution Subdivision Surfaces and Immersed Finite Elements [J]. Computer Methods in Applied Mechanics & Engineering, 2016, 300 (3): 510-539.

[89] K. Karpouzisa, G. Caridakisa, S. E. Fotinea, et al. Educational Resources and Implementation of a Greek Sign Language Synthesis Architecture [J]. Computers & Education, 2007, 49 (1): 54-74.

[90] K. Rehan, S. S. Siddiqi. A Family of Ternary Subdivision Schemes for Curves [J]. Applied Mathematics & Computation, 2015 (270): 114-123.

[91] L. Autin, G. Johnson, J. Hake, et al. uPy: A Ubiquitous CG Python API with Biological-Modeling Applications [J]. IEEE Computer Graphics & Ap-

plications, 2012, 32 (5): 50-61.

[92] L. J. Shiue, I. Jones, J. Peters. A realtime GPU Subdivision Kernel [J]. ACM Transactions on Graphics, 2005, 24 (3): 1010-1015.

[93] L. Kobbelt. Interpolatory Subdivision on Open Quadrilateral Nets with Arbitrary Topology [J]. Computer Graphics Forum, 1996, 15 (3): 409-420.

[94] L. Kobbelt. $\sqrt{3}$ Subdivision: Computer Graphics, 2000 [C]. Proceedings of SIGGRAPH'00, 2000.

[95] L. Velho, D. Zorin. 4-8 Subdivision [J]. Computer Aided Geometric Design, 2000, 18 (5): 397-427.

[96] L. Velho. Using Semi-Regular 4-8 Meshes for Subdivision Surfaces [J]. Journal of Graphics Tool, 2000, 5 (3): 35-47.

[97] L. Xu, W. Gao. Study on Translating Chinese into Chinese Sign Language [J]. Journal of Computer Science and Technology, 2000, 15 (5): 485-490.

[98] M. Antonelli, C. V. Beccari, G. Casciola, et al. Subdivision Surfaces Integrated in a CAD System [J]. CAD Computer Aided Design, 2013, 45 (11): 1294-1305.

[99] M. Antonelli, C. V. Beccari, G. Casciola. High Quality Local Interpolation by Composite Parametric Surfaces [J]. Computer Aided Geometric Design, 2016, 46 (8): 103-124.

[100] M. Bóo, M. Amor, M. Doggett, et al. Hardware Support for Adaptive Subdivision Surface Rendering [C]. Proceedings of ACM Siggraph/Eurographics Workshop on Graphics Hardware, 2001.

[101] M. Botsch, L. Kobbelt, M. Pauly, et al. Polygon Mesh Processing [M]. Natick, MA: A K Peters, 2010.

[102] M. Cavallo, M. Dholakia, M. Havlena, et al. Dataspace: A Reconfigurable Hybrid Reality Environment for Collaborative Information Analysis [C]. 2019 IEEE Conference on Virtual Reality and 3D User Interfaces (VR), 2019.

[103] M. Chow. Optimized Geometry Compression for Realtime Rendering [C]. Proceedings of IEEE Visualization'97, 1997.

[104] M. Deering. Geometric Compression [C]. Proceedings of Siggraph'

95, 1995.

［105］M. F Hassan, I. P. Ivrissimitzis, N. A. Dodgson, et al. An Interpolating 4-Point C^2 Ternary Stationary Subdivision Scheme ［J］. Computer Aided Geometric Design, 2002, 19 (1): 1-18.

［106］M. F. Hassan, N. A. Dodgson. Ternary and Three-Point Univariate Subdivision Schemes ［M］// Schumaker. Curve and Surface Fitting: Saint-Malo 2002. Brentwood: Nashboro Press, 2003: 199-208.

［107］M. Garland. Multiresolution Modeling: Survey & Future Opportunities ［C］. Proceedings of EUROGRAPHICS, Electronic Version, 1999.

［108］M. Garland, P. Heckbert. Surface Simplification Using Quadric Error Metrics ［J］. Computer Graphics, 1997, 31 (3): 209-216.

［109］M. G. Cox. The Numerical Evaluation of B-Splines ［J］. IMA Journal of Applied Mathematics Volume, 1972, 10 (2): 134-149.

［110］M. Halstead, M. Kass, T. DeRose. Efficient, Fair Interpolating Using Catmull-Clark Surfaces ［C］. Proceeding of the 20th Annual Conference on Computer Graphics and Interactive Techniques (SIGGRAH'93), 1993: 35-44.

［111］M. Isenburg. Compressing Polygon Mesh Connectivity with Degree Duality Prediction ［C］. Boston, USA: Proceedings of IEEE Visualization, 2002.

［112］M. Isenburg, J. Snoeyink. Spirale Reversi: Reverse Decoding of Edge Breaker Encoding ［C］. Proceedings of 12th Canadian Conference on Computational Geometry, 2000.

［113］M. Isenburg, Y. Liu, J. Shewchuk, et al. Streaming Computation of Delaunay Triangulations ［C］. Proceedings of SIGGRAPH'06, 2006.

［114］M. Isengurg, P. Lindstrom. Streaming Meshes ［R］. Technical Report, UCRL-CONF-201992, LLNL, 2005.

［115］M. Kim, J. Peters. Realtime Loop Subdivision on the GPU ［C］// ACM SIGGRAPH 2005 Posters. New York: SIGGRAPH 2005, 2005.

［116］M. Levoy, K. Pulli, B. Curless, et al. The Digital Michelangelo Project: 3D Scanning of Large Statues ［C］. Proceedings of the 27th Annual Conference on Computer Graphics and Interactive Techniques (SIGGRAPH'00), 2000.

［117］M. Nießner, C. Loop. Analytic Displacement Mapping Using Hardware Tessellation ［J］. ACM Transactions on Graphics, 2013 (32) 3: 1-9.

［118］M. Nießner, C. Loop, G. Greiner. Efficient Evaluation of Semi – Smooth Creases in Catmull–Clark Subdivision Surfaces ［C］. Cagliari: Eurographics Proceedings, 2012b.

［119］M. Nießner, C. Loop, M. Meyer, et al. Feature Adaptive GPU Rendering of Catmull–Clark Subdivision Surfaces ［J］. ACM Transactions on Graphics, 2012a, 31 (1): 1-11.

［120］M. Shantz, H. Poizner. A Computer Program to Synthesize American Sign Language ［J］. Behavior Research Methods and Instrumentation, 1982, 14 (5): 467-474.

［121］M. Weiser. The Computer for the 21st Century ［J］. Scientific American, 1991, 265 (3): 94-104.

［122］N. Dyn. Analysis of Convergence and Smoothness by the Formalism of Laurent Polynomials ［M］// Tutorials on Multiresolution in Geometric Modelling. Heidelberg: Springer-Verlag, 2002: 51-68.

［123］N. Dyn. Analysis of Convergence and Smoothness by the Formalism of Laurent Polynomials ［M］// Tutorials on Multiresolution in Geometric Modelling: Summer School Lectures Notes. New York: Springer, 2002.

［124］N. Dyn, D. Levin. A Butterfly Subdivision Scheme for Surface Interpolation with Tension Control ［J］. ACM Transactions on Graphics, 1990, 9 (2): 160-169.

［125］N. Dyn, D. Levin, C. A. Micchelli. Using Parameters to Increase Smoothness of Curves and Surfaces Generated by Subdivision ［J］. Computer Aided Geometric Design, 1990, 7 (1-4): 129-140.

［126］N. Dyn, D. Levin, J. Gregory A. A 4-point Interpolatory Subdivision Scheme for Curve Design ［J］. Computer Aided Geometry Design, 1987, 4 (4): 257-268.

［127］N. Dyn, D. Levin. Subdivision Schemes in Geometric Modeling ［J］. Acta Numerica, 2002 (11): 73-144.

［128］N. Dyn. Interpolatory Subdivision Schemes ［C］// Tutorials on Multiresolution in Geometric Modelling: Summer School Lectures Notes. New York: Springer, 2002.

［129］N. Dyn. Subdivision Schemes in Computer Aided Geometric Design

［M］// Advances in Numerical Analysis Ⅱ, Subdivision Algorithms and Radial Functions. Oxford：Oxford University Press，1992.

［130］N. Tomuro，K. Alkoby，A. Berthiaume，et al. An Alternative Method for Building a Database for American Sign Language ［C］. Technology and Persons with Disabilities Conf，Los Angeles，CA，2000.

［131］P. Alliez，M. Desbrun. Valence-Driven Connectivity Encoding for 3D Meshes ［J］. Proceedings of Eurographics 2001，20 （3）：480-489.

［132］P. C. Cosman，J. K. Rogers，P. G. Sherwood，et al. Combined Forward Error Control and Packetized Zerotree Wavelet Encoding for Transmission of Images over Varying Channels ［J］. IEEE Transaction on Image Processing，2000，9 （6）：982-993.

［133］P. Hartmut. Smoothness of Subdivision Surfaces at Extraordinary Points ［J］. Advances in Computer Mathematics，1998，9 （3-4）：377-389.

［134］P. Lancaster，M. Tismenetsky. The Theory of Matrices （Second Edition）［M］. New York：Academic Press，1985.

［135］P. M. Gandoin，O. Devillers. Progressive Lossless Compression of Arbitrary Simplicial Complexes ［J］. ACM Transaction on Graphics，2002，21 （3）：372-379.

［136］P. Oswald. Designing Composite Triangular Subdivision Schemes ［J］. Computer Aided Geometry Design，2005，22 （7）：659-679.

［137］P. Oswald，P. Schroeder. Composite Primal/Dual $\sqrt{3}$ Subdivision Schemes ［J］. Computer Aided Geometry Design，2003，20 （3）：135-164.

［138］R. Chen，X. Luo，H. Xu. Geometric Compression of Quadrilateral Mesh ［J］. Journal of Computers and Mathematics with Applications，2008 （56）：1597-1603.

［139］R. Ling，X. Luo，Z. Chen. Ternary Buttery Subdivision ［J］. Computers & Graphics，2009，33 （4）：566-575.

［140］R. Pajarola，J. Rossignac. Compressed Progressive Meshes ［J］. IEEE Transaotions on Visualization and Computer Graphics，2000，6 （1）：79-93.

［141］R. Yi，Y. Liu，Y He. Delaunay Mesh Simplification with Differential Evolution ［J］. ACM Transaction on Graphics，2018，37 （6）：1-12.

［142］S. Bischo, L. Kobbelt. Towards Robust Broadcasting of Geometry Data ［J］. Computers & Graphics, 2002, 26 (5): 665-675.

［143］S. Gumhold. Improved Cut-Border Machine for Triangle Mesh Compression ［C］. Proceedings of Erlangen Workshop'99 on Vision, Modeling and Visualization, 1999.

［144］S. Gumhold. New Bounds on the Encoding of Planar Triangulations ［R］. Technical Report WSI-2000-1, University of Tübingen, 2000.

［145］S. Gumhold, W. Strasser. Real Time Compression of Triangle Mesh Connectivity ［C］. Proceedings of Siggraph'98, 1998.

［146］S. Lin, F. You, X. Luo, et al. Deducing Interpolating Subdivision Schemes from Approximating Subdivision Schemes ［J］. ACM Transactions on Graphics, 2008, 27 (5): 146.

［147］S. Lin, X. Luo. A Unified Interpolatory and Approximation Sqrt-3 Subdivision Scheme ［C］. Eurographics 2007, Short Paper.

［148］S. Marschner, P. Shirley. Fundamentals of Computer Graphics (4th Edition) ［M］. Boca Raton, Florida: CRC Press, 2015.

［149］S. Schaefer, J. Warren. On C^2 Subdivision for Triangle/Quad Meshes ［J］. Transactions on Computer Graphics, 2005, 24 (1): 28-36.

［150］S. Shi , C. Hsu. A Survey of Interactive Remote Rendering Systems ［J］. ACM Computing Surveys, 2015, 47 (4): 1-29.

［151］S. Zhao, W. Ooi, A. Carlier, et al. Charvillat. Bandwidth Adaptation for 3D Mesh Preview Streaming ［J］. ACM Transactions on Multimedia Computing Communications & Applications, 2014, 10 (15): 1-20.

［152］T. Akenine-Möller, J. Ström. Graphics for the Masses: A Hardware Rasterization Architecture for Mobile Phones ［J］. ACM Transactions on Graphics, 2003, 22 (3): 801-808.

［153］T. Boubekeur, C. Schlick. A Flexible Kernel for Adaptive Mesh Refinement on GPU ［J］. Computer Graphics Forum, 2008, 27 (1): 102-113.

［154］T. Ni, A. H. Nasri, J. Peters. Ternary Subdivision for Quadrilateral Meshes ［J］. Computer Aided Geometric Design, 2007, 24 (6): 361-370.

［155］T. Sederberg, J. Zheng, D. Swell, et al. Non-Uniform Recursive Subdivision Surfaces ［C］ // In Computer Graphics, Annual Conference Series

SIGGRAPH'98. New York: ACM Press, 1998.

[156] U. Labisk, G. Greiner. Interpolatory $\sqrt{3}$ −Subdivision [J]. Computer Graphics Forum, 2000, 19 (3): 131−138.

[157] U. Reif. A Unified Approach to Subdivision Algorithms Near Extraordinary Vertices [J]. Computer Aided Geometric Design, 1995, 12 (2): 153−174.

[158] U. Reif, J. Peters. Structural Analysis of Subdivision Surfaces−A Summary [J]. Studies in Computational Mathematics, 2006 (12): 149−190.

[159] W. Brainerd, T. Foley, M. Kraemer, et al. Efficient GPU Rendering of Subdivision Surfaces Using Adaptive Quadtrees [J]. ACM Transactions on Graphics, 2016, 35 (4): 113.

[160] X. Luo, G. Zheng. Progressive Meshes Transmission over a Wired−to−Wireless Network [J]. ACM Journal of Wireless Networks, 2008, 14 (1): 47−53.

[161] X. Xiang, M. Held, J. Mitchell. Fast and Efficient Stripification of Polygonal Surface Models [C]. Proceedings of Interactive 3D Graphics, 1999.

[162] Y. Chen, W. Gao, Z. Wang, et al. Text to Avatar in Multimodal Human Computer Interface [J]. Asia−Pacific Human Computer Interface (APCHI 2002), 2002, 1 (2): 636−643.

[163] Y. Chiu, C. Wu, H. Su, et al. Joint Optimization of Word Alignment and Epenthesis Generation for Chinese to Taiwanese Sign Synthesis [J]. IEEE Transaction on PAMI, 2007, 29 (1): 28−39.

[164] Z. Karni, A. Bogomjakov, C. Gotsman. Efficient Compression and Rendering of Multi − Resolution Meshes [C]. Proceedings of IEEE Visualization'02, 2002.

[165] Z. Karni, C. Gotsman. 3D Mesh Compression Using Fixed Spectral Bases [C]. Proceedings of Graphics Interface, 2001.

[166] Z. Karni, C. Gotsman. Spectral Compression of Mesh Geometry [C]. Proceedings of SIGGRAPH 2000, 2000.

[167] Z. Pan, K. Zhou, J. Shi. A New Mesh Simplification Algorithm Based on Triangle Collapses [J]. Journal of Computer Science and Technology, 2001,

16（1）：57-63.

　　［168］Z. Shi, J. Lin, X. Luo, et al. Interpolatory and Mixed Loop Schemes ［J］. Computer Graphics Forum, 2008, 27（7）：1829-1835.

　　［169］Z. Tang, X. Guo, B. Prabhakaran. Receiver-Based Loss Tolerance Method for 3D Progressive Streaming ［J］. Multimedia Tools and Applications, 2011, 51（2）：779-799.

　　［170］Z. Yan, S. Kumar, C. Jay Kuo. Error-Resilient Coding of 3-D Graphic Models Via Adaptive Mesh Segmentation ［J］. IEEE Transactions on Circuits and Systems for Video Technology, 2001, 11（7）：860-873.

　　［171］Z. Yan, S. Kumar, C. Jay Kuo. Mesh Segmentation Schemes for Error Resilient Coding of 3-D Graphic Models ［J］. IEEE Transactions on Circuits and Systems for Video Technology, 2005, 15（1）：138-144.

　　［172］陈龙彪, 李石坚, 潘纲. 智能手机：普适感知与应用 ［J］. 计算机学报, 2015, 38（2）：423-435.

　　［173］李桂清. 细分模式构造及其拟合技术 ［R］. 杭州：浙江大学, 2003.

　　［174］李桂清. 细分曲面造型及应用 ［D］. 北京：中国科学院计算技术研究所, 2001.

　　［175］林淑金. 插值逼近融合的曲面造型方法研究与应用 ［D］. 广州：中山大学, 2008.

　　［176］罗笑南, 林谋广, 姬长波, 等. 面向移动计算终端的渐进几何简化方法 ［J］. 计算机研究与发展, 2007, 44（6）：1038-1043.

　　［177］马建平, 罗笑南, 陈渤, 等. 面向移动终端的三角网格逆细分压缩算法 ［J］. 软件学报, 2009, 20（9）：2607-2615.

　　［178］施法中. 计算机辅助几何设计与非均匀有理 B 样条（修订版）［M］. 北京：高等教育出版社, 2013.

　　［179］苏步青, 刘鼎元. 计算几何 ［M］. 上海：上海科学技术出版社, 1980.

　　［180］孙家广. 计算机辅助几何造型技术 ［M］. 北京：清华大学出版社, 1990.

　　［181］王国瑾, 汪国昭, 郑建民. 计算机辅助几何设计 ［M］. 北京：高等教育出版社, 2001.

［182］颜庆聪, 陈益强, 刘军发. 面向广电节目的虚拟人手语合成显示平台研究 ［J］. 计算机研究与发展, 2009, 46 （11）: 1893-1899.

［183］张宏鑫. 复杂形体建模与绘制的离散方法研究 ［D］. 杭州: 浙江大学, 2002.

［184］张文丽, 郭兵, 沈艳, 等. 智能移动终端计算迁移研究 ［J］. 计算机学报, 2016, 39 （5）: 1021-1038.

［185］郑贵锋. 移动网格上细分图形的简化与传输方法的研究 ［D］. 广州: 中山大学, 2005.

［186］周凡. 三维几何压缩与传输方法的研究 ［D］. 广州: 中山大学, 2007.

［187］朱心雄. 自由曲线曲面造型技术 ［M］. 北京: 科学出版社, 2000.